KB115261

환율 모르면 주식투자 절대로 하지 마라

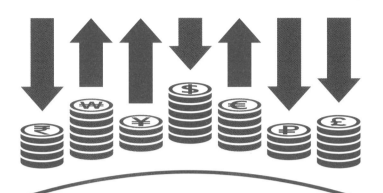

환율 모르면 주식투자 절대로 하지 마라

백석현 지음

달러의 흐름으로 읽는 주식투자 전략

WINNER'S BOOK

**좋은 기업은 대체로 나쁜 주식이고,
나쁜 기업은 대체로 좋은 주식이다.**

★

『현명한 자산배분 투자자』 본문 중 (윌리엄 번스타인 저)

일러두기

저자 고유의 문장을 살리기 위해 표기와 어법 등은 저자의 원칙을 따랐습니다.

세계와 글로벌은 같은 의미로 혼용하였습니다.

환율쟁이가 주린이에게

가격이 상승하는 주식시장에는 많은 초보 투자자들이 뛰어듭니다. 요즘 말로 주린이라고 합니다. 그런데 안타깝게도 주린이들은 나중에 어떻게 대응할지 별다른 고민 없이, 즉 준비가 안 된 채로 투자에 뛰어듭니다.

물론 주린이기 때문에 투자하기 전, 미처 대책을 세우지 못한 것이 어쩌면 당연한 것일 수 있습니다. 우리는 금융교육을 제대로 받은 적이 없지만, 그래도 괜찮습니다. 투자에 나선 뒤에라도 지체하지 말고 향후 어떻게 대응할지 대책을 세우면 됩니다.

상승장이 끝나기 전에 팔고 나오면 된다고 생각하지만, 그게 그렇게 쉬운 일이 아닙니다. 내가 산 주식 가격이 오를수록 나의 자신감도 함께 상승하고, 나는 투자에 소질 있는 거 아니냐며 어깨가 으쓱해집니다. 물론, 오르던 주식인데 하필 내가 매입한 뒤로 하락하는 경우도 있습니다.

주린이에게는 투자에 자신감이 붙는 그 시점이 가장 위험한 순간입니다. 판돈을 키워서 베팅에 나서기 때문입니다. 자신감이 충만해졌기 때문에 이익을 두 배, 세 배로 증폭시켜 줄 레버리지 상품에까지 손을 뻗기도 합니다. 손실의 위험이 더 크다는 것을 생각하지 않은 채로 말입니다.

만약 여기서 성공하더라도 이 성공의 경험은 자신감을 더욱 높여 더 큰 위험을 감수하게 되고 결국 큰 손실을 안겨 줍니다.

상승장이 끝나면 안타깝게도 많은 사람이 패자가 될 수밖에 없습니다. 이제 그들은 '투자는 내 적성에 안 맞나봐'라고 푸념하며 주식시장을 멀리 합니다. 이후로는 주식시장을 도박판으로 치부하고, 웬만한 상승장에는 마음이 동하지 않습니다. 오랜 세월이 지나 역사적 상승장이 다시 오고 다른 사람들의 성공 스토리를 반복해서 들은 뒤에야 고민 끝에 다시 투자를 합니다. 여전히 준비가 안 된 상태로 말입니다.

　영국의 경제학자 존 메이너드 케인스(John Maynard Keynes)는 투자자라면 장기 결과를 목표로 해야 하고, 장기 결과에 의해서만 판단해야 한다고 주장했습니다. 손실로 돌아섰다고 해서 정리하고 잊어야 할 의무는 없습니다. 괜찮은 주식이라면 결국 언젠가는 다시 오르기 마련인데, 주린이들에게 이 말이 와 닿지 않는다는 것이 아쉬울 뿐입니다.

　주식시장은 전쟁터입니다. 전쟁터에 나갈 때는 중무장을 하고 사주 경계하며 조심조심 나아가야 합니다. 그런데 주린이들은 사실상 무방비 상태로 전쟁터에 나갑니다.

　주식시장을 도박판으로 만드느냐 생산적인 투자처로 만드느냐는 전적으로 주린이들에게 달려 있습니다. 아무런 준비 없이 주식시장에 발을 들였어도 나 자신을 담금질 하는 노력을 시작해야 합니다. 하지 않는다면, 마치 이제 막 걸음을 떼어 신호등도 볼 줄 모르는 아이가 큰 차들이 쌩쌩 다니는 큰 길을 혼자 건너는 것과 같습니다. 손 잡아줄 어른을 찾아야 하고, 그 어른은 초반엔 유명 유튜버가 되겠지만 스스로 판단할 힘을 길러줄 투자의 고전들에까지 손을 뻗어야 합니다.

주식시장은 잠깐 발을 담갔다 빼는 곳이 아닙니다. 우리는 지금 자본주의 시대를 살고 있습니다. 그리고 자본시장의 승자가 누구인지 똑똑히 보고 있습니다.

돈이 돈을 벌어 들이는 마법을 보고 동경만 할 뿐, 이 상대적 박탈감을 달랠 길이 없습니다. 그저 계좌를 잠깐 스쳐 지나가는 오르지 않는 월급 만으로 착실하게 통장 잔고를 불리는 것은 언감생심입니다. 자본주의 시대를 사는 우리 모두의 꿈인 부동산 임대소득을 올리지 못한다면, 주식과 같은 대안 자산이 있습니다.

우리는 인생에서 그저 열심히 하는 것만으로는 이룰 수 없는 것이 많다는 것을 뼈저리게 느끼고 수없이 경험했습니다. 열심히가 아니라 잘해야 한다는 충고도 많이 들었고요.

어떻게 좋은 결과(자산 증식)를 얻을 수 있을지 깊은 고민 없이 단지 착실하게 저축하는 것만으로는 자산을 불릴 수 없는 세상입니다.

주식시장에서 살아남으려면 이익을 많이 내야 할까요?

그렇지 않습니다. 이익에 대한 욕심을 내기 이전에 손해를 최소화해야 합니다. 이익에 눈이 머는 순간 비합리적인 결정을 내리게 됩니다. 손실은 비합리적 결정에서 파생됩니다. 널리 회자되는 워런 버핏(Warren Buffett)의 명언이 있습니다. "첫째는 손해보지 않는다. 둘째는 첫째 원칙을 잊지 않는다."

주가 급등을 노리고 투자한 주식은 주가 급락의 위험도 내포한다는 것을 잊지 말아야 합니다. 물론, 우리가 버핏이 아닌 이상 손해 볼 수 있습니다. 하지만 손해보지 않을 확률을 높여가야 합니다. 나의 비합리적인 결정을 줄여야 하고, 이기는 확률을 높여가는 방향으로 움직여야 합니다.

주린이들이 해야 할 질문은 "지금 이 주식을 사냐 마냐, 무슨 주식을 살 것이냐"의 문제가 아닙니다. 어느 책을 봐야 합리적이고 현명한 투자자가 될 수 있는지를 물어야 합니다. 한 시대를 풍미한 책이 아니라 세대를 관통하는 고전에 눈을 돌려야 합니다. 시험을 잘 보기 위해 공부를 하듯, 성공적인 투자를 위해서도 공부를 해야 합니다. 스스로 판단할 수 있는 힘을 기르는 것입니다. 이 책의 독자들이 그런 투자의 고전에 손을 뻗게 된다면 그것으로 이 책의 소명을 다 했다고 생각합니다.

같은 학년 동기만 1,000명이었던 까까머리 고등학교 3학년 시절 전교 1등을 하던 친구가 있습니다. 이 친구는 학교에서 잠만 자고, 깨어 있을 때는 농구만 했습니다. 머리 좋은 친구로 보일 수밖에 없었습니다. 그런데 나중에 졸업하고 들으니, 그 친구는 문제집 한 권을 사면 그 날 당일에 통째로 다 풀고 나서야 잠이 들었다고 합니다. 투자의 세계에서 1년, 2년이 아니라 롱런하며 장기적으로 이익을 낸 승자들도 우리에게 보이지 않는 곳에서 그런 자질을 스스로 키워낸 분들입니다.

주식을 지금 사야 할까요, 말아야 할까요? 답이 없는 선택의 문제입니다. 하지만 자산을 보유했을 때 투자자에게 보이고 들리는 것과 자산을 보유하지 않은 관찰자일 때 보이고 들리는 것은 의외로 차이가 큽니다. 정보 습득력이 다른 것이지요. 보유하면, 보이는 차원이 달라집니다.

초보 개인 투자자, 주린이들은 주식을 보유한 직후부터 금융시장 뉴스가 눈에 더 잘 보이고 더 잘 들림을 느낄 겁니다. 준비 없이 투자하지 말라지만, 준비만 하다가 진입조차 못 하느니 일단 지르고 시작하는 것도 방법입니다. 물론, 처음에는 소액이어야 합니다.

사실 필자가 이 케이스였습니다. 준비하고 시작하려다 몇 년이 흘렀고, 이러다 평생 투자 못하겠다 싶을 때 마음이 동하는 주식이 생겨 무작정 질렀습니다.

그런데 그 주식의 가격이 별로 오르지도 못한 채, 세계 경제에 엄청난 악재가 터졌습니다. 대형주였음에도 순식간에 반 토막나고 더 아래로 추락하고 말았습니다. 그런데 주식을 보유하게 되니 보이는 것만큼은 달라졌습니다.

주린이가 주식을 질렀다고 해도, 금융시장 소식에 대한 이해력까지 욕심만큼 빠르게 향상되지는 않습니다. 주식 뉴스에 자꾸 해외 뉴스가 끼어 들어 오고, 미국 대통령의 언행, 중국 뉴스, 정책변수, 달러화 움직임 등이 자꾸 거론되는 것을 보고 듣노라면 귀는 얇아지고 입은 삐죽, 코는 씰룩, 머리는 어지럽기 시작하죠. 이걸 다 어떻게 어느 세월에 공부해서 이해하나요?

주식 가격의 변동은 거대한 자본의 이동에 영향을 받고, 자본의 이동은 전세계의 돈인 달러화의 흐름 그 자체라고 해도 지나친 말이 아닙니다. 이 책은 주식과 달러화를 최대한 단순하게 이해하는 데 중점을 두고 풀어갔습니다. 간단하게 이해의 틀을 잡고 나서 다른 전문가들이 풀어내는 스토리를 들으면 더 잘 들리기 시작하리라 믿습니다. 그래도 어렵게 느껴지지 않을까 염려스럽지만 언젠가 제 아이들에게 설명해 줄 때도 알아 들을 수 있도록 잘 풀어보겠습니다.

자본시장이 성장할 때, 여러분의 자산도 반드시 같이 성장하기를 기원합니다. 그리고 자본시장의 성장은 1~2년이 아니라 우리 일생을 함께 할 것임을 잊지 마시기 바랍니다. 운전할 때 앞차만 보고 달려서는 안 됩니다. 앞차만 보지 않고, 옆 차선과 전방, 신호등을 확인하고 사이드 미러, 백 미러까지 보듯 자본시장에 들어선 뒤에도 시야를 넓히시기 바랍니다.

이런저런 핑계로 책 쓸 의지가 없던 필자를 용이 여의주를 굴린 듯 용한 재주로 출간에 이르게 한 내 인생의 원픽 승희에게 이 책을 바칩니다. 훌쩍 커 버린 미니미 승준, 승우, 물심양면으로 희생하신 부모님과 형, 항상 따뜻한 마음으로 응원해주시는 장인 장모님께도 감사드립니다. 장모님 힘내세요! 인자하신 임근일 본부장님과 언제나 힘이 되어 주신 권혁상 센터장님, 전설의 외환딜러 김장욱 부장님, 소재용 팀장님께도 깊은 감사의 말씀 올립니다. 지적 자극을 주신 김영익 교수님과 트레바리 홍진채 클럽장님, 김윤진 클럽장님, 김은우 파트너님께도 빚을 진 마음입니다. 이 책에 공(功)이 있다면 이분들 덕이고, 과(過)가 있다면 저의 소치(所致)입니다. 큰 형님을 비롯해, 늦은 저녁 만학의 불꽃을 태웠던 경제대학원 동기들과 상문 화공 빠스카 인연, 이상용 선생님, 문봉환 선생님, 진원순 선생님, 선곡 친구들, 이외 일일이 언급하지 못한 동료, 선후배, 친구들에게도 감사의 인사를 전합니다.

백석현

차례

PART 1 ★ 환율이 주식시장을 안내해요

PART 2 ★ 환율과 주식시장, 따로 또 같이 가요

PART 3 ★ 군중심리에 올라탔으면, 돌아볼 것이 있어요

PART 4 ★ 코로나19 이후 파워게임과 외환시장의 앞날은요

환율이
주식시장을 안내해요

주가와 환율, 단순하게 이해해요

주가와 환율. 금융시장의 서로 다른 가격 변수이지만, 결코 별개의 가격이 아닙니다.
그리고 그 연결고리에는 달러화가 자리하고 있습니다.

주식! 처음에는 뭘 봐야 할지 막막합니다. 주식의 한 종목도 왜 올랐다가 내리는지 모르겠고 뭘 사야 할지도 모르겠습니다. 어디서부터 시작해야 할까요?

우리는 어려서부터 세상을 받아들일 때 무의식 속에 모든 것을 단순화하고 있었습니다. 애기일 때는 엄마냐 아빠냐부터 구분했고, 잘했다 못했다, 맞다 틀리다, 크다 작다, 좋다 나쁘다, 남자 여자, 너와 나, 우리와 너희. 지금도 우리는 많은 것들을 둘로 나누어 이분법으로 받아 들이고 있습니다. 한국과 외국, 강대국과 약소국, 승리와 패배, 입장과 퇴장, 호재와 악재, 상승과 하락, 절대값과 상대값.

사람만 그럴까요? 사람이 발명한 우리 시대의 컴퓨터도 우리가 알아볼 수 있는 형태로 보여 주기 전에 내부 처리 과정에서 모든 데이터를 0과 1 두 개로 표현합니다. 2진법이라고 합니다.

망망대해 같은 주식시장과 외환시장, 환율도 이렇게 이해할 수 없을까요? 자, 주식시장과 외환시장을 이분법으로 단순화해 보겠습니다.

우선 주식시장에 발을 디딘 우리는 수많은 선택의 순간을 마주합니다. 이 주식을 살까 말까, 이 주식 아니면 뭘 사야 하나, 산다면 언제 살까. 매입한 뒤에는 팔까 말까, 팔기로 했으면 언제 팔까. 이러한 선택의 순간마다 결국 내가 의사 결정을 해야 하는데 의사 결정을 하려면 판단할 근거가 있어야 합니다.

어렵고 막막할수록 단순하게 접근해야 합니다. 주식도 잘 모르겠는데 왜 어려운 환율까지 봐야 하냐고요? 주식만 보는 것보다 환율과 함께 보는 것이 개념 잡기가 더 쉽기 때문입니다. 먼저 환율보다 조금은 더 익숙한 주식부터 분자/분모로 구분해 보겠습니다.

주가를 분자 / 분모에 대응시켜 봐요

주식시장에서 주가는 언제 오르고 언제 내리나요? 기업에 좋은 소식이 생기면 오르고, 나쁜 소식이 생기면 하락합니다.

주식시장에 상장된 기업은 기본적으로 영리를 추구합니다. 기업에 좋은 소식(호재)이라면 이익이 증가할 만한 소식이고, 기업에 나쁜 소식(악재)은 이익이 감소하거나 손실이 생길 만한 소식이겠네요. 결국 주가를 흔드는 것은 이익에 영향을 줄 만한 변수입니다.

주가와 이익이 함께 가니, 주가를 분자/분모 형태로 표현한다면 이익은 분자에 해당합니다.

그럼, 분모는 어떨까요? 기업은 최대한 살아 남아 천년만년 돈을 벌어 번창하는 게 목표입니다. 투자자가 기대하는 바와 같습니다. 미래에 벌어들일 이익이라면 1년 후 이익이든, 5년 후 이익이든 모두 함께 지금의 주가에 반영되어 있습니다. 우리는 그것을 기대하고 기업의 주식을 사는 것입니다.

예를 들어 기업이 자사 제품을 기존 거래처가 아니었던 테슬라(Tesla)에 향후 5년간 매년 동일한 금액의 수출 계약을 새로 체결했다면, 이익 증가가 가시화되었으니 주가가 상승합니다.

그런데 바로 금년에 생길 이익과 5년 후 이익이라면 시차가 있습니다. 시간은 돈이라고 하지요. 금년과 5년 후 벌어들일 이익이 같더라도 현재의 주가에 반영될 때는 시간차 때문에 서로 다르게 반영됩니다. 주가에는 5년 후에 벌어들일 이익이 올해 당장의 이익보다 더 적은 금액으로 반영되는데, 5년 후의 이익이 더 적은 이유는 우리가 시간차에 금리(이자율)를 적용하기 때문입니다.

주가를 분자/분모로 표현할 때, 분모에 대응되는 것이 바로 금리입니다. 금리가 높아지면 분모가 커지니 주가는 하락하고, 금리가 낮아지면 분모는 작아지니 주가는 상승합니다.

그래서 기업의 이익 전망이 증가하거나 감소하지 않는다는 가정하에 한국은행이 금리를 올리면 국내 기업의 주가는 하락합니다. 반대로 한국은행이 금리를 내리면 주가는 상승합니다.

요약해서 정리하자면, 즉 기업의 이익 전망이 증가하면 주가가 상승하고, 금리가 상승하면 주가가 하락하는 겁니다.★ 반대도 성립합니다. 기업의 이익 전망이 감소하면 주가가 하락하고, 금리가 하락하면 주가가 상승합니다. 분자에는 기업의 이익, 분모에는 금리가 대응됩니다.

이제 환율도 분자/분모 구도로 단순화해 보고자 하는데, 그 전에 환율 개념부터 간략하게 짚고 넘어가겠습니다.

★ 하지만 시장에서는 중앙은행의 금리 변경(인상이나 인하) 기대를 먼저·반영하곤 합니다. 그 기대가 금리 인상이라면 그 기대를 반영하며 주가가 먼저 하락하고, 금리 인하를 기대한다면 주가가 먼저 상승하곤 합니다. 그리고 실제 그 이벤트(금리 인상이나 인하)가 벌어지면 그간 먼저 움직여서 생긴 이익을 실현시켜 버립니다. 그러면 실제 금리 인상 액션이 (미리 반영되었기 때문에) 그간 하락한 주가가 일시적으로 반등하는 계기가 되기도 하고, 실제 금리 인하 액션은 (미리 반영되었기 때문에) 그간 상승한 주가가 일시적으로 하락하는 계기가 되기도 합니다. 실제 시장이 이론과 달리 움직이는 상황일 때는 미리부터 그 방향으로 움직였기 때문인 경우가 많습니다.

⛏ 환율? 한 마디로 달러화의 가격이에요

사람들은 환율이라고 하면 달러화부터 떠올립니다. 환율은 외국 돈의 가치를 표현하는 가격 변수입니다. 외국 돈의 대표는 미국 달러화입니다.

전세계 외환시장에서는 어마어마하게 많은 거래가 일어납니다. 하루에만 평균 6.6조 달러 가량입니다(2019년 기준). 2020년 1년간 한국이 수출했던 총 금액의 13배에 해당하는 어마어마한 금액이 불과 하루의 거래량입니다. 그 중 십중팔구가 달러화를 낀 거래입니다. 교환하는 돈의 어느 한쪽은 대부분 미국 달러화라는 겁니다. 어느 나라 돈이든 국경을 넘어가면 일단 달러화로 바꿔서 움직이는 것입니다.

한마디로 태양계 행성들이 태양을 중심으로 공전한다면 글로벌 외환시장에서 각국의 통화들은 달러화를 중심으로 공전한다고 보면 됩니다. 즉, 미국 달러화는 미국을 넘어 전세계 어디서나 통용되는 전세계인의 돈입니다.

그래서 보통 환율이라고 하면 달러·원 환율을 떠올리면 됩니다. 명칭은 원·달러 환율, 달러·원 환율 어떻게 불러도 좋습니다. 부모님을 칭할 때 엄마·아빠라 부르든 아빠·엄마라 부르든 무방한 것과 마찬가지입니다. 필자는 달러·원 환율이라 하겠습니다.

그리고 달러·원 환율은 $1에 몇 원이라고 표시합니다(국제적으로 약속한 관행입니다. ₩1에 몇 달러, 이렇게 표시하지 않습니다).

달러·원 환율은 $1와 교환할 수 있는 원화의 비율이면서, 원화로 표시한 $1의 가격이기도 합니다. 환율이라고 하면 기본적으로 달러화의 가격을 생각하면 됩니다.

원화가 아닌 달러화 중심으로 생각해요

환율의 본질이 달러화와 같은 외국 통화와 한국 원화의 상대적인 가격이기 때문에 원화를 기준으로 얘기할 수도 있고, 달러화를 기준으로 움직임을 설명할 수도 있습니다. 그래서 언론에서는 한국을 중심에 놓고 '원화 가치가 상승(하락)하면서 환율이 하락(상승)했다' 이런 식으로 달러화가 아닌 원화를 중심으로 서술하기도 합니다. 한국의 독자를 배려한 것입니다.

물론 우리를 중심으로, 즉 원화를 중심에 놓고 이해하려는 취지는 좋습니다. 하지만 환율에 대한 개념이 확실히 머릿속에 정리되기 전에 원화를 중심으로 놓고 생각하면 헷갈리기 딱 좋습니다.

'환율(달러화)이 상승했다'고 할 때, 달러화 가격이 오른 것을 달러화 강세라고 표현하기도 합니다. 상승과 강세가 같은 방향을 의미하기 때문에 달러화를 기준으로 생각하면 받아들이기 쉽습니다.

그런데 '원화 가치가 상승했다'고 하면, 환율이 어느 방향으로 움직였을까요? 환율은 상대적인 가격이니, 원화 가치가 상승했으면 상대적으로 달러화는 하락했을 겁니다. 그럼 달러화 약세로 환율이 하락한 것입니다.

그런데 이 사고 과정은 마치 걸림돌 하나가 놓인 듯 우리 머릿속에서 그다지 매끄럽게 작동하지 않습니다.

원화 가치를 환율 개념에 바로 연결시키지 말고, 대신 한국 자산의 가치와 동일시하고, 한국 자산의 가치는 코스피 지수를 떠올리세요. 이 부분은 뒤에서 다시 논의하겠습니다.

원화 가치를 중심에 놓고 환율을 얘기하면 외환시장을 이해하는 데 걸림돌을 하나 놓고 시작하는 것이 됩니다. 외환시장은 달러화를 중심으로 돌아가기 때문에 달러화를 중심에 놓고 이해하는 것이 좋습니다.

환율을 통화가치와 연결시킬 때는 원화가 아니라 달러화를 중심으로 놓고 생각하세요.

만약 언론에서 원화 가치 상승(하락)을 얘기하면 거꾸로 달러화 가치 하락(상승)으로 머릿속에 바꾼 다음 환율과 연결시키세요.

⛏️ 달러화의 흐름은 전세계 자본의 흐름이에요

거듭 강조하지만 미국 달러화는 그냥 평범한 돈이 아닙니다. 세계 어디서나 통하는 돈입니다. 미국 돈이지만 한국 기업이 중국 기업에 수출할 때도 대부분 달러화로 결제가 됩니다. 중간에 미국을 거치는 것도 아닌데 말이죠.

그런데 은행에서 유로화와 원화를 교환해 주기도 하고, 엔화 대 원화, 캐나다 달러화 대 원화, 베트남 동화 대 원화 이렇게도 환전해 주지 않나요? 맞습니다. 그런데 그건 은행이 고객의 편의상 바로 교환이 되도록 업무를 단순화한 것입니다.

호주에 유학 가려 은행에 우리 원화를 챙겨 호주 달러를 사러 가면 은행 직원이 호주 달러를 그냥 바꿔 주는 것 같지만, 실제로는 원화를 미 달러로 바꾼 뒤 다시 미 달러를 호주 달러로 바꾸는 과정이 숨어 있습니다. 물론, 자잘한 금액일 경우 건건이 그 과정이 숨어 있는 것은 아니고, 어느 정도 금액을 모아서 한꺼번에 처리합니다.

일본 사람이 한국 주식시장에 투자할 때도 달러화를 거칩니다. 엔화를 들고 오지만 그 중간 과정에서 달러로 먼저 바꾼 뒤, 다시 달러를 원화로 바꾸는 과정이 일어납니다. 사우디 자본이 한국 주식시장에 투자할 때도 달러를 들고 들어옵니다. 원유 거래, 금, 은 거래도 모두 달러화로 가격이 책정되고 결제가 이루어집니다.

무역이든 금융이든 국제적인 거래는 달러화가 기본 매개체라는 얘기입니다. 다시 말해 달러화의 흐름은 전세계 자본의 흐름이고, 전세계 자본의 흐름은 달러화의 흐름이라고 단순하게 이해하면 됩니다.★

환율을 분자 / 분모에 대응시켜 봐요

이제 달러·원 환율도 분자/분모로 대입해 보겠습니다. 로마 시대에 모든 길은 로마로 통했다면 우리 시대의 돈과 금융은 뉴욕을 통합니다. 외환시장을 지배하는 달러화를 기준으로 여기서도 이 분법을 적용해서, 지배하는 자(미 달러화)와 지배당하는 자(나머지 전부)로 구분해 보겠습니다.

한 가지 팁이라면, 금융의 헤게모니는 미국이 쥐고 있지만 세계 경제의 헤게모니는 이미 중국으로 넘어 온 듯합니다. 세계 경제에

★ 물론, 모든 것이 그렇지는 않습니다. 독일 사람이 일본 주식시장에 투자할 때는 유로화 들고 가서 바로 엔화로 바꿔 투자합니다. 유로화와 엔화 둘 다 거래가 자유로운 국제 통화이기 때문입니다. 그리고 중국이 막강한 구매력을 바탕으로 미국이 누리는 특권들에 도전하면서 원유나 철광석 거래에서 위안화로 결제하는 시스템을 도입하기도 했습니다. 하지만 위안화가 글로벌 표준으로 자리잡기에는 아직 갈 길이 먼 상황입니다.

미치는 영향 측면에서 보면 미국 경제보다 중국 경제의 영향력이 더 커졌다고 해도 지나친 말이 아닙니다.

글로벌 기업들의 생산 네트워크나 세계 경제 성장에서 중국의 기여도, 제3세계에 침투하여 경제 영토를 넓히고 있는 중국의 세계 경제에 대한 영향력은 미국내 문제에 골머리를 앓는 미국을 이미 앞지른 듯합니다. 명목 GDP(국내총생산) 측면에서는 아직 미국이 앞서지만 2030년이 되기 전에 이 마저 중국에게 추월당할 것으로 예상됩니다.

그럼 금융시장을 지배하는 미국을 기준으로 하여 분자는 미국 경제를 대입하고, 분모는 미국을 제외한 세계 경제로 대응시켜 보겠습니다. (미국 제외) 세계 경제에는 중국, 유럽, 한국 등이 있습니다.

$$달러 \cdot 원 환율 = \frac{달러화 모멘텀}{원화 모멘텀} = \frac{미국 경제}{(미국 제외) 세계 경제}$$

전세계 경제가 성장하는 상황이라고 가정해보겠습니다. 미국 경제가 (미국 제외) 세계 경제보다 더 강하게 성장하면 분자가 분모보다 상대적으로 커지니, 달러 · 원 환율은 상승합니다. 미국 경제가 상대적으로 우월한 성장세를 보이면서 달러화 강세인 것입니다. 반대로 미국 경제보다 (미국 제외) 세계 경제가 더 강하게 성장하면 어떨까요? 분자보다 분모가 더 커지니, 달러화는 상대적으로 약세, 달러·원 환율은 하락합니다.

참고로, 금융시장은 현재 수준보다 변화의 방향에 민감하게 반응합니다. 우리가 주가나 환율을 바라볼 때, 현재의 수준보다 앞으로 올라갈지 내려갈지 변화의 방향을 더 궁금해하는 것과 마찬가지입니다.

따라서 여기서 미국 경제와 (미국 제외) 세계 경제를 얘기할 때, 단순히 성장률 자체를 의미하는 것이 아니라 성장률 변화의 방향이라고 생각해야 합니다.

예를 들면, 미국 성장률이 2%, (미국 제외) 세계 성장률이 5%인 상황에서 미국 경제가 성장 모멘텀이 붙어 3% 성장을 향해 가고, (미국 제외) 세계 경제는 성장 모멘텀이 약해져 4% 성장을 향해 간다면 미국 경제, 즉 분자가 커지는 상황이 되어 달러·원 환율은 상

▼ 분자/분모로 개념화한 주가 및 환율

주가	VS	환율(달러화)
미래 이익		미국 경제
1+금리		미국 외 경제 (중국, 유럽, 한국, 호주)

승하는 것입니다.

다른 경우, 전세계 경제가 위축되는 상황이라고 가정해 봤을 때, 미국 경제가 부진해도 (미국 제외) 세계 경제가 더 죽을 쑤면, 분자보다 분모가 더 많이 감소해서 달러·원 환율이 상승합니다. 반대로 2002년처럼 미국 경제가 (미국 제외) 세계 경제보다 더 부진하다면, 분자가 더 많이 감소해서 달러·원 환율이 하락합니다.

달러화는 곧 신용이에요

돈은 신용(信用)을 바탕으로 합니다. 우리가 5만 원짜리 지폐를 상대방 불문하고 주고 받는 것도 우리가 원하면 언제든지 한국은행이 그 지급을 보장한다는 믿음*이 있기 때문입니다. 그 신용의 끝판왕도 역시 전세계인이 모두 찾는 달러화입니다.

그런데 갑자기 불길한 예감이 듭니다. 뭔가 안 좋은 소식이 들리거나, 어디서 전쟁이 터지거나 경제위기가 터질 것 같은 분위기예요. 불길한 예감은 틀리는 법이 없다지요? 금융시장에서 불길한 예감이 들 때, 달러화를 사면 틀리는 법이 없습니다.

코로나19와 같이 생소한 전염병이 갑자기 창궐하면서 시장이 공포에 빠

★ 가까운 사례로, 1990년 소비에트 연방(소련)이 해체의 길을 걷던 시절 그들의 통화였던 루블화는 기피되고 미국 달러화와 담배가 소련 사회에서 화폐의 기능을 하기도 했습니다.

지거나 글로벌 금융위기가 터지거나 이런 불길한 일이 덮치면 신용이 마릅니다. 신용이 경색된다고 표현합니다. 그런 불행한 일이 덮치면 다들 긴장하며 리스크를 줄이려 합니다.

믿음을 의미하는 신용은 경제적으로 외상값이나 부채를 갚을 수 있는 능력을 의미하기도 합니다. 돈을 빌려서 주식에 투자하는 것을 신용 거래라 하고, 담보를 제공하지 않고 은행에서 돈 빌리는 것을 신용 대출이라고 합니다. 그런데 글로벌 관점에서 보면 신용이 기본적으로 달러화를 통해 흘러 나갑니다. 한국 기업이 해외에서 채권을 발행해서 자금을 조달하거나 외화로 차입을 해도 달러화 차입이 기본입니다.

신용이 말라버리면, 즉 신용이 경색되면 금융시장에는 무슨 일이 벌어질까요? 일단 신용 경색을 일으킨 사건 때문에 자산 가격들이 급전직하하기 시작합니다. 코로나19, 글로벌 금융위기 같은 사건들이 그런 사례입니다. 그럼 신용을 밑거름으로 투자되었던 자산가격부터 문제가 생깁니다.

증권사에 돈을 빌려 주식에 투자하는 신용거래를 생각해 보면, 주식투자자에게 신용을 제공한 증권회사는 향후 융자금 회수를 보장받기 위해, 고객의 잔고가 일정 금액 이상을 유지하지 못하면 부족분을 채워 넣을 것을 요구하고 이에 고객이 응하지 못하면 강제로 반대 매매를 하게 됩니다.

코로나19나 글로벌 금융위기 같은 사건이 터지면 주식을 포함해서 수많은 자산 가격이 일제히 하락하니, 이런 반대 매매가 봇물을 이룹니다. 이때는 정말 하락이 하락을 부르는 사태로 이어지고 여기저기서 폭락 도미노 현상이 나타납니다.

기업들은 어떨까요? 코로나19와 같은 대형 악재가 터지면 기업들은 당장 현금 회수에 어려움을 겪습니다. 공장이 중단되는 문제가 생길 수도 있고, 제품 판매량이 뚝 끊길 수도 있고, 거래처도 대금 지급을 최대한 미루려 합니다. 한마디로 돈이 돌지 않아 유동성이 뚝 끊기는 상황에 노출됩니다. 만약 기업이 해외에서 달러를 차입했다면 상환 압박에 더해, 달러 강세로 인해 자국 통화 기준의 부채 상환 금액까지 불어납니다.

이런 상황에서는 은행들도 비상 대응에 들어가서 새로 대출을 일으키기도 쉽지 않습니다. 고객들의 현금 수요가 급증하다 보니, 은행들도 고객의 인출 요구에 대비해서 최대한 자금을 준비하고 있어야 합니다. 은행의 속성상(신용창조★ 기능이라고 합니다) 고객의 예탁금 전액을 보유하지는 않기 때문입니다.

자산운용사나 헤지펀드★★ 등에 자본을 맡긴 투자자들도 한꺼번에 자금 인출

★ 중앙은행이 찍어낸 돈이 은행을 통해 시중에 유통되면서 또 다른 돈(이를 신용화폐)을 만들어내는 일련의 과정을 '신용창조'라고 부릅니다.

★★ 주식, 채권, 파생상품, 실물자산 등 다양한 상품에 투자해서 목표 수익을 달성하는 것을 목적으로 하는 펀드입니다.

요구를 해옵니다. 그럼, 해당 금융회사는 펀드 등 운용하던 자산을 대거 환매해서 현금을 확보해야 합니다. 다른 경쟁사나 자본시장 참가자들도 같은 상황에 맞닥뜨렸으니 더 하락하기 전에 남들보다 빨리 자산을 팔아야 되는 상황이 벌어집니다. 이렇게 자산 가격의 하락이 가속화됩니다. 최대 금융시장인 미국에서도 이런 일들이 벌어지니 달러화 몸값이 급속히 올라갑니다. 그럼 해외에서는 어떨까요?

달러화는 거래가 자유로운 국제 통화이면서 저금리 통화이기 때문에 금융시장이 안정적인 대부분의 기간에 다른 곳에 투자하기 위한 펀딩(funding) 통화로 아주 많이 활용됩니다. 엔화나 유로화도 많이 이용되고요.

그렇다면 이 과정은 어떻게 이루어질까요? 일단 달러화를 빌립니다. 그런 다음 외환시장에서 달러화를 팔고 투자하고 싶은 국가의 통화를 삽니다. 투자 대상 국가가 한국이라고 가정하면, 원화를 사서 한국 주식이나 원화 채권을 사는 겁니다.

그런데 대형 악재가 터지면 어떻게 할까요? 재빨리 한국 주식을 팔고 원화를 외환시장에서 달러화로 바꿔 나갑니다(외환시장에서 달러 매입하므로 환율 상승). 그리고 달러화를 되갚습니다. 이런 거래 형태를 캐리 트레이드(carry trade)라고 합니다. 투자 대상은 주식이 아닌 채권이 될 수도 있습니다.

글로벌 외환시장에는 캐리 트레이드가 엄청난 규모로 매일 같이 이루어집니다. 이렇게 투자에 활용하기 위해 달러화를 빌리는 거래가 엄청나게 많다는 얘기입니다. 적어도 전세계 무역 거래량보다는 훨씬 많습니다. 그래서 대형 악재가 터지면 달러화를 사겠다는 수요가 폭증하고 환율이 급등합니다. 상대적으로 위험하다고 인식되는 신흥국에서 자본이 급속히 빠져 나가는 배경입니다. 이렇게들 달러화부터 확보하려고 합니다.

그래서 미국 달러화를 안전자산 중의 안전자산이라고 합니다. 신용이 경색되면 모두가 가장 유동성이 좋고 안전하며 신뢰성이 높은 달러화를 손에 쥐고 있으려 합니다. 돈이 돌지 않고, 전세계적으로는 달러화가 돌지 않는 상황이 됩니다. 미국이나 전세계에 동시적인 충격이 발생한 경우에는 미국에서부터 달러화 강세가 시작될 것이고, 한국 고유 문제가 터졌다면 기존에 행해진 캐리 트레이드가 환수되면서 달러화가 상승합니다.

결론적으로 달러화는 금융 위기의 징후를 가장 잘 드러냅니다. 달러화 가격 움직임을 통해 금융위기 징후를 파악할 수 있습니다. 달러화가 평상시 움직임에서 벗어나 급등한다면 의심의 시선을 가질 필요가 있습니다. 당연히 주식에도 경고음이 울리는 상황일 수 있습니다.

달러화의 특별함이
주식시장에 무엇을 의미하나요

달러화는 특별합니다. 그래서 그 자체만으로 많은 것을 시사하기도 하고,
세계 경제와 주식시장을 움직이는 지표이기도 합니다.

모든 자산 가격이 하락할 때 달러화가 홀로 상승해요

사람 사는 세상에서 누군가에게 갑자기 불행한 일이 생기면 먼저
걱정해주는 것이 우선입니다. 하지만, 사회 전체에 영향을 주는 악
재가 터지면 돈을 빌려준 사람들은 나중에 못 받게 될까봐 빨리
회수하고 싶어지는 것도 사람 심리입니다. 누가 돈을 빌려 달라고
해도 피하고 싶어지는 것 또한 인지상정입니다.

글로벌 경제에 심각한 악재 등 생존이 걸린 일이 터지면, 달러
화를 새로 빌리기도 어려워져서 외국의 금융기관은 국내 금융기
관에서 달러화를 회수하려고 할 수도 있습니다. 심각한 위기 때는

다른 아무것도 필요 없고 다들 달러화부터 챙깁니다.

이럴 때는 주식을 포함해서 전반적인 시장 가격이 하락하는데, 금융시장에는 돈을 빌려서 투자한 거래가 상당히 많습니다. 돈을 빌려서 어딘가에 투자를 했는데 투자한 자산의 가격이 하락하면 돈을 갚을 능력이 없어지게 되는 것입니다.

앞서 예를 들었던 사례인데, 증권회사에 돈을 빌려 주식을 샀다면 증권회사는 만일을 대비해 담보 성격으로 최소한의 증거금을 요구합니다. 그런 뒤에 자산 가격이 떨어지면 증거금을 채우라고 요구하는데, 만약 고객이 그 요구에 응하지 못하면 그 고객의 주식을 강제로 매각해 버립니다.

그럼, 그 자산의 가격은 더 하락합니다. 글로벌 경제 전체에 영향을 미치는 악재가 터지면 여기저기서 이와 유사한 형태의 일이 벌어집니다. 가격 하락이 하락을 부르면서 시장을 패닉(panic) 상태로 몰고 가고, 만약에 고객이 증거금을 채우라는 요구에 응하더라도, 가지고 있는 다른 자산을 팔아서 메꾸는 경우가 많을 것입니다. 그럼 그 다른 자산 가격이 내려갑니다.

코로나19 창궐 초기 금융시장이 혼비백산했던 2020년 3월 9일부터 20일까지가 딱 그런 상황이었습니다. 안전자산으로 분류되는 일본 엔화나 금, 미국채 등 모든 자산 가격이 하락한 그 상황에서 유일하게 가격이 오른 것이 달러화였습니다.

🏅 달러화 가격, 즉 환율이 오르면 긴장이 돼요

달러화의 이런 특성 때문에 달러화의 가격, 즉 환율이 갑자기 오르면 사람들은 무슨 일이 터진 걸까 하며 배경을 찾습니다. 그래서 달러화 자체를 시장의 공포 정도를 잘 나타내는 최적의 공포지수로 지목하기도 합니다.

달러화의 급작스러운 움직임을 예측하는 좋은 선행 지표는 없습니다. 요즘 같이 정보가 빠른 시대에 악재가 터지면 금융시장 가격이 거의 동시에 움직이긴 하지만, 달러화 그 자체인 환율이 그나마 다른 자산시장에 가장 우수한 선행지표입니다.

가령 경제가 심각하게 위축되어서 다들 사정이 어려워졌는데 누가 자선을 하면서 돈을 나눠주겠답니다. 그러면서 원하는 통화로 주겠다며, 달러화, 유로화, 엔화, 위안화, 원화 중에 뭘 원하냐고 물으면 무엇을 선택하시겠어요? 다들 달러화를 원합니다. 가장 신뢰하고 안전하고 어디서나 거래가 쉬운 통화이기 때문입니다. 오죽하면 극도로 폐쇄적이고 미국과 적대적인 북한에서도 달러화가 거래될까요?

더욱이 2008년에 미국 금융시스템이 붕괴되면서 신용이 말라버렸을 때도, 달러화가 원화에는 초강세를 보였습니다. 미국 금융기관의 신용이 무너졌는데도 달러화 가격이 솟구친 것은 아이러니한 상황이었습니다.

글로벌 금융위기와 같이 미국의 신용시스템이 무너지면서 전세계 금융시장에 신용 경색이 나타나면, 시장참가자들이 극단적인 불안감으로 패닉에 빠져 위험한 자산들을 마구 내다 팝니다. 이런 상황을 두고 위험기피 심리가 작동했다고 합니다. 위험기피 심리가 나타나면 신흥국 자산은 버림을 받게 되는데, 선진국은 상대적으로 안전하고 신흥국은 위험하기 때문입니다. 그런 예외적이고 극단적인 시기에는 앞서 설명한 분자/분모 로직을 적용할 필요가 없습니다.

이런 급박한 상황에는 심리적 충격이 워낙 커서 어느 국가 경제가 타격을 덜 받을지 따져보고 생각할 겨를이 없습니다. 일단 안전한 자산 확보하고 위험한 자산부터 팔고 보는 겁니다. 당연히, 달러화부터 찾고 달러·원 환율은 급등하겠지요. 이런 일이 다시 없으리라는 법은 없습니다. 금융시장에서 예외적인 상황은 생각보다 자주 일어나기 때문입니다.

그래서 달러·원 환율이 주목 받을 정도로 많이 상승하면 시장 참가자들은 불길한 예감을 느낍니다. 반대로 환율이 주목 받을 정도로 많이 하락하면 시장 참가자들은 '세계 경제나 한국 경제에 뭔가 좋은 일이 생겼나'하는 느낌을 받습니다.

달러화와 주식시장은 서로 주고 받아요

달러·원 환율이 하루에 10원 이내로 몇 원 움직이는 것은 늘상 있는 일이라, 그 정도 움직임으로는 별로 주목받지 못합니다. 그런데 환율이 하루 만에 1%, 대략 10원 이상 움직이면 뭔가 임팩트 있는 뉴스가 있다는 신호입니다. 환율이 위로 10원 이상 튀었을 때는 뭔가 불길한 뉴스가 있는 경우가 많고, 아래로 10원 이상 하락했을 때는 금융시장에 좋은 뉴스가 있는 경우가 많습니다.

환율이 전날에 비해 1% 이상, 대략 10원 이상 움직이는 것은 얼마나 자주 있을까요? 2010~2020년 동안 평균적으로 한 달에 한 번 꼴이었습니다(1994~2020년으로 범위를 넓혀도 한 달에 1.5회 꼴입니다). 자주 있는 일이 아니란 겁니다. 그럼 코스피 지수는 어떨까요? 코스피 지수가 전날에 비해 1% 이상 상승하거나 하락하는 일은 대략 일주일에 한 번 꼴로 일어났습니다. 상대적으로 환율보다는 흔한 일입니다.

만약 글로벌 주식시장에 악재가 터져서 전세계 주식이 일제히 하락하면 달러화는 상승하기 쉽습니다. 기존에 달러화 하락에 베팅한 사람들이 서둘러 정리하기도 하지만, 악재만으로 달러화를 사는 세력도 있습니다. 그렇게 달러화 환율이 오릅니다. 달러화 가격이 오르는 것을 보면 주식시장은 더 큰 불안감을 느끼기 때문에 사람들이 주식을 더 팔게 되면서, 악순환이 일어납니다.

즉, 주식시장은 악재가 있으면 주가가 많이 하락합니다. 그러면서 달러화도 상승하는 경우가 많습니다. 그런데 환율이 오르는 것을 보면 주식시장 참가자들은 더 불길한 느낌을 받고, 그럼 주식을 더 팔아버립니다. 이렇게 환율과 주가는 서로 주고 받으며 움직입니다.

거꾸로 주식시장에 호재가 생겨서 환율이 하락합니다. 그런데 환율이 하락하는 것을 보니, 뭔가 분위기가 좋게 흘러 가는 느낌이 듭니다. 그럼 주식을 사는 사람들이 더 많아지고, 주가가 더 오르는 것을 보면 외환시장 참가자들도 환율 더 떨어질 것 같은데 이런 생각을 하며 달러화를 더 팔기도 합니다.

이러한 경우도 있습니다. 갑자기 10원 이상 확 변하지 않고 하루에 몇 원씩 조금 변하는데 몇 날 며칠 동안을 계속 한 방향으로만 움직인다면 이 경우도 뭔가를 의미하는 경우가 많습니다. 환율이 계속 슬금슬금 상승하면 단시간에 임팩트를 주는 변수는 아니지만 뭔가 시장에 불길한 일이 있는 경우가 많지요. 반대로, 계속 슬금슬금 하락하면 뭔가 좋은 방향으로 일이 흐르고 있는 경우가 많습니다.

🪙 미국 중앙은행, 연준의 존재감은 절대적이죠

경제적인 측면 외에 정책적인 측면에서 달러화 가격, 환율에 가장 강력한 영향력을 가진 자는 누구일까요? 미국의 중앙은행입니다. 미국은 독특한 중앙은행 체제를 가지고 있는데, 통칭해서 연방준비제도(Federal reserve system)라고 하고 줄여서 연준(Fed)이라고 합니다. 미국 연준이라고 하면 한국의 한국은행에 대응되는 개념입니다.

달러화가 글로벌 금융시장을 지배하다 보니 미국 연준의 정책이 미치는 영향력이 막강합니다. 그런데 미국 연준은 기본적으로 미국의 국내 기관이다 보니 미국을 위한 정책을 펴는 것이 당연하고, 경우에 따라 미국에 최선인 정책이 글로벌 관점에서는 아닐 수도 있습니다. 미국 연준이 달러화 유동성을 넘치게 공급하다가 갑자기 금리를 올리겠다고 하면 글로벌 금융시장이 잔뜩 긴장을 하게 됩니다.

미국 연준이 금리를 올리면 달러화 유동성이 줄어들고, 미국 자산의 기대 수익률이 높아지면서 전세계 자본이 미국으로 몰려갈 가능성이 높아집니다. 하지만, 미국 연준이 금리를 올린다고 주식시장이 반드시 하락하지는 않습니다.

앞에서 주가를 분자에 기업의 이익, 분모에 (1+금리)를 대응시켰습니다. 금리를 올려서 분모가 커지더라도 분자의 기업 이익이 더 크게 증가하는 상황이라면 주가는 하락하지 않습니다. 하락을 해도 일시적 움직임에 그칠 것입니다.

미국이 아닌 글로벌 주가도 마찬가지입니다. 2004~2006년에 미국 연준이 기준금리를 올릴 때가 그랬습니다. 그 당시는 중국 경기가 과열된 때였고 미국에 비해 전세계 경제가 더욱 뜨겁게 달궈지면서, 분자에 해당하는 기업들의 이익이 더 빠르게 증가했기 때문입니다. 미국 연준이 금리를 급하게 올리지 않았던 터라, 미국이 금리를 인상해도 시장이 크게 개의치 않는 상황이었습니다.

결국 미국 연준이 금리를 올려도 금융시장이 잘 견딜 수 있느냐는 전세계 경제의 상황에 달려있습니다. 만약 글로벌 경제가 동반 상승하고 미국보다 다른 나라들의 성장세가 더 탄탄하다면 크게 문제될 것이 없습니다. 연준이 금리를 올린다고 반드시 달러화가 강세로 가는 것은 아닙니다.

하지만, 다른 나라들 경제는 빌빌대고 있는데 미국이 금리를 올리면 자본이 미국으로 빠져나갈까 두려워서 금융시장도 민감하게 반응합니다. 미국이 글로벌 금융위기(2008년) 이후 처음으로 금리를 인상하던 2015년 상황이 그랬습니다. 반면, 미국의 금리 인상이 속도를 냈던 2017년에는 오히려 1년 내내 환율이 크게 하락했는데 이유는 전세계 경제가 완연한 상승 곡선을 그렸기 때문입니다.

🏅 금리? 기준금리를 의미할 때도, 시중금리를 의미할 때도 있어요

여기서 잠깐, 금리도 설명하고 가겠습니다. 금리는 크게 중앙은행이 결정하는 기준금리냐 아니면 금융시장의 수요·공급에 따라 수시로 변하는 시중금리냐를 구분해야 합니다.

기준금리는 기본적으로 초단기 금리입니다. 현재 미국은 단 하루짜리 금리를 기준금리로 하고, 한국은 7일짜리 금리로 합니다. 반면, 시중금리는 다양합니다. 1년짜리, 2년짜리, 5년, 10년, 30년 그 외에도 다양한 만기에 따라 적용되는 금리가 다르고, 차입자에 따라 적용되는 금리도 달라집니다.

시중금리는 보통 국채 금리가 기준이 됩니다. 내가 10년짜리 대출을 받을 때 적용되는 금리는 기본적으로 10년 만기 국채 금리에 은행의 조달 비용 등이 더해진 뒤 나의 신용도에 따라 적용된 가산금리가 더해진 금리입니다.

그리고 시중금리에 영향을 미치는 국채 금리는 이론적으로 실질 금리와 기대 인플레이션의 합으로 구성되는데 실질 금리의 대용치가 실질 경제성장률입니다. 그래서 국채 금리가 상승할 때는 경제 성장 기대감에 오를 수도 있고, 기대 인플레이션 상승이 배경이 될 수도 있습니다. 물론 경제 성장률과 기대 인플레이션이 함께 상승하는 경우도 있습니다.

중앙은행이 절대적으로 좌우하는 기준금리와 달리, 시중금리와 국채금리는 중앙은행이 기준금리를 변경하지 않아도 성장 기대감이나 인플레이션 기대를 반영해서 많은 움직임을 보입니다. 다만, 중앙은행의 기준금리가 초단기이기 때문에 국채금리의 만기가 짧을수록 상대적으로 기준금리 수준에 영향을 많이 받고, 만기가 길수록 경제 성장 기대와 기대 인플레이션에 영향을 많이 받습니다. 그리고 미국 국채 금리는 전세계 국채 금리에도 영향을 미칩니다.

중앙은행이 기준금리를 올리면 국가 경제 및 금융시장에 유동성을 줄이는 효과가 생기는데, 보통 성장세가 강해지거나 인플레이션이 오르는 상황에서 이런 조치를 취합니다. 경제가 과열되는 것을 조금 식히기 위한 조치인 것입니다.

기준금리를 내릴 때는 반대의 상황이 됩니다. 기준금리를 내리면 국가 경제 및 금융시장에 유동성을 늘리는 효과가 생기기에, 보통 성장세가 약해지거나 인플레이션이 내리는 상황에서 이런 조치를 취합니다. 경제에 활력을 불어넣기 위한 조치인 것입니다.

🧱 미국이 금리 인상하면 주가가 반드시 하락하나요

미국 연준에게 부여된 목표는 완전 고용과 2%의 인플레이션 달성입니다. 그럼, 미국 연준이 기준금리를 올릴 때는 미국의 완전 고용과 인플레이션이 목표에 부합하여 경제 과열이 우려되는 경우일 텐데, 그 상황에서 글로벌 경제가 2000년 대 중반과 같이 미국보다 강한 성장 모멘텀을 유지하느냐가 관건입니다. 가장 최근의 미국 금리 인상기였던 2015~2018년은 그렇지 못했습니다 (2017년 제외).

과연 글로벌 경제가 미국보다 강한 성장 모멘텀을 보일 수 있을까요? 불가능한 얘기는 아닙니다. 2020년 코로나19 창궐로 글로벌 경제가 동시에 위축되었기 때문에, 향후 회복 과정에서도 모두 함께 회복될 가능성이 있습니다. 다 같이 좋은 것을 누이 좋고 매부 좋다고 하고, 좀 고상한 표현으로는 선순환이라고 합니다. 글로벌 경제가 선순환하는 과정에서 미국 연준이 금리를 인상하면 달러화가 지나치게 급등하지는 않겠지요.

그런데 코로나19 백신이 보급되는 과정을 보면 국가별 격차가 확연히 드러납니다. 이스라엘, 영국, 미국, 유럽 등 선진국이 우선 확보하여 접종을 시작했고, 후진국, 빈곤국 일수록 접종 시기가 늦어지는 양상입니다. 이는 곧 향후 경제 정상화에 있어서도 국가별로 시차가 생김을 의미합니다. 선진국과 후진국의 백신 보급 격차는 1~2년 이상까지 벌어질 것으로 보입니다.

미국과 유럽을 비교해도 미국이 백신 접종에서 상대적으로 앞서가는 양상입니다. 백신 접종 속도가 향후 경제 정상화 시점을 좌우할 테니, 미국의 경제 회복이 더 빠를 것으로 예상됩니다. 그런 상황은 미국 경제가 (미국 제외) 세계 경제보다 먼저 우월한 회복세를 구가함으로써, 우선적으로 달러화 상승을 초래할 가능성이 커 보입니다.

하지만 접종이 다소 늦은 국가들의 경제 회복세가 따라오면 회복의 모멘텀은 미국에서 (미국 제외) 세계 경제로 옮겨 갑니다. 이런 상황은 달러화의 하락을 초래할 가능성이 커지게 하는 것입니다. 따라서 코로나19 이후 세계 경제가 정상화되는 과정에서는 달러화 강세가 먼저 나타난 뒤 달러화가 하락하는 그림이 나올 가능성이 높지 않나 싶습니다.

그런데 미국 연준은 평균인플레이션 목표제(average inflation target)라는 명목으로 인플레이션이 지속적으로 2%를 상회하는 것이 뚜렷해져야 기준금리를 인상하겠다고 밝힌 바 있습니다. 그러면서 고용 회복에 보다 중점을 두겠다고 했습니다. 즉, 과거에 비해서 인플레이션 상승에 민감하게 대응하지 않고, 금리 인상 시점을 최대한 늦추겠다는 의사를 명확히 했습니다.

고용 회복에 무게를 둔다는 것은 중요한 의미가 있습니다. 고용은 보통 경기에 후행하는 지표★이기 때문에, 경기 상승

★ 반대로 경기에 선행하는 지표도 있는데, 주가지수가 경기에 선행하는 대표적 지표입니다.

기에 가장 늦게 회복되는 경향이 있습니다. 그래서 경기 회복기에 "고용 없는 회복"이라는 얘기를 접하는 것은 그리 어려운 일이 아닙니다. 하지만, 엄밀히 얘기하면 고용 없는 회복이라기 보다는 고용이 가장 늦게 회복될 뿐이지요. 그만큼 연준의 금리 인상도 시장의 우려보다 늦춰질 가능성이 크다고 볼 수 있습니다.

결론적으로 미국 경제가 코로나19에서 먼저 정상화되겠지만 다른 국가들이 미처 정상화되기 전에 서둘러 미국이 금리 인상할 가능성은 낮아 보입니다. 미국이 금리를 인상하는 시점은 미국 외 다른 국가들까지 뚜렷한 경제 회복세를 보인 이후가 될 가능성이 높은데, 만약 그런 상황이라면 미국이 금리를 인상해도 달러화가 하락하는 그림이 나올 수 있습니다.

사실 2015~2018년의 미국 금리 인상기에는 중국 부채위기가 뇌관으로 꼽히기도 했습니다. 당시 중국에서 자본 유출이 극심하게 일어나고 그 유명한 조지 소로스(George Soros)가 위안화 약세에 베팅했다는 얘기도 돌았고, 중국 당국이 이를 방어하느라 진땀을 뺐습니다. 이른바 나라의 곳간으로 불리는 외환보유고의 상당량이 소진되었습니다. 4조 달러에 달했던 중국의 외환보유고

가 1년 만에 3조 달러로 빠르게 줄어들면서 시장이 불안하게 지켜봤었습니다.

이번에는 어떨까요? 중국은 물론 그 당시의 과오를 되풀이하지 않으려 합니다. 그래서 부채 리스크에 눈 감은 채 부양책을 앞세웠던 글로벌 금융위기 당시와 달리 코로나19 이후의 정책 운용에서는 신중함이 엿보입니다. 또, 한편으로는 그 당시와는 다른 완충장치가 하나 생겨서 한결 안정되어 보이기도 합니다. 바로 주요 글로벌 벤치마크에 중국 주식 및 채권이 단계적으로, 기계적으로 편입되면서 글로벌 자본이 꾸준히 유입되고 있습니다. 글로벌 벤치마크에 대해서는 Part 2에서 다시 후술하겠지만, 이러한 상황은 중국 자본시장에 안전한 울타리 하나가 더 생긴 것 정도로 이해하면 됩니다.

테이퍼링에 따른 환율과 주가의 운명은 연준에게 달렸어요

미국이 기준금리를 인상하기 전에 먼저 닥쳐올 것이 바로 '테이퍼링(tapering)★' 입니다. 테이퍼링은 2013년 5월 22일, 벤 버냉키(Ben Bernanke) 당시 연준 의

★ 연준이 양적완화 정책의 규모를 점진적으로 축소해나가는 것입니다. 원래는 스포츠에서 중요 시합을 앞두고 훈련량을 점차 줄이는 것을 지칭합니다. 부양정책의 축소, 즉 테이퍼링이 그 다음 단계인 금리인상을 연상시키는 경향이 있습니다.

장이 부양정책을 향후 점진적으로 줄여 갈 계획을 언급할 때 사용하면서 유명해진 용어입니다. 당시 금융시장은 넘치던 유동성이 급작스럽게 줄어들지 모른다는 두려움에 사로 잡혔고, 대외건전성이 취약했던 신흥국들은 극심한 자본유출을 겪었습니다.

당시 금융시장의 격렬한 반응은 버냉키 의장을 곤혹스럽게 했습니다. 연준은 '테이퍼링은 부양책을 줄이는 것일 뿐 금리 인상과 같은 긴축 정책과는 엄연히 다르다'는 것을 진땀 흘리며 설명해야 했습니다. 금융시장은 테이퍼링 직후 금리 인상으로 이어지는 것이 아닐지 두려워했습니다. 즉, 테이퍼링을 금리 인상의 신호탄으로 확대 해석했습니다. 하지만 결과적으로 연준은 첫 금리 인상(2015년 12월)을 테이퍼링을 마무리(2014년 10월)한 뒤 1년 이상 지나서야 단행했습니다.

연준은 당시의 시행착오를 똑똑히 기억하고 있습니다. 2021년 1월, 연준의 제롬 파월(Jerome Powell) 의장은 금융시장의 우려를 충분히 알고 있으니 너무 일찍 부양책을 축소하지도 않을 것이며 이를 본격 검토하기 전에 사전에 분명한 메시지를 보내겠다고 강조했습니다.

2013년 테이퍼링 논란이 금융시장을 달구었던 당시, 달러·원 환율은 극적인 변화를 겪었습니다. 테이퍼링이 처음 언급된 2013년 5월 22일 이후 한 달간 50원 가량 상승하여 연고점인 1,163.5원을

▼ 2013년 테이퍼링 논란 당시 원달러 환율의 움직임

코스피 현물시장에서 외국인이
16.5조 원 순매수(7~10월)

버냉키의
tapering 언급

자료: Refinitiv

찍었지만, 이후에는 상황이 반전되었습니다.

대외건전성 지표가 취약해서 Fragile 5(인도, 인도네시아, 브라질, 터키, 남아공)로 지목된 신흥국에서 자본이 대거 이탈했지만, 한국에는 7월부터 4개월간 코스피 현물시장에만 무려 16.5조 원이 유입되며 환율이 급락했습니다. Financial Times 등 해외 유력 언론이 신흥국 중 단기적인 자금 운용처로 대외건전성이 양호한 한국과 멕시코가 좋은 대안이 될 것이라며 지목했던 시기입니다. 결국, 다른 신흥국 통화가 약세를 보인 것과 달리 원화 가치는 강세를 보이며 환율이 급락했고 그 해 연말에는 1,050원에 도달했습니다.

코로나19 회복 국면에서 다시 연준의 테이퍼링이 임박할 때 2013년의 움직임이 그대로 재현될 지는 두고 봐야 합니다. 당시는 글로벌 금융위기의 후유증이 심각했던 만큼 회복세가 미약해서 부양책을 줄이는 데 민감했지만, 팬데믹을 떨치고 향후 글로벌 경제가 회복세가 완연해지는 시점에 테이퍼링이 시행된다면 상황은 다를 수 있습니다. 향후 테이퍼링 시 달갑지 않은 달러화의 급등을 초래하지 않도록 조심스러운 소통과 행보를 보일 연준이 금융시장이 놀라지 않도록 잘 해낼 수 있을지 지켜봐야겠습니다.

그런데 2021년 1~3월의 상황은 잠시 짚고 넘어가야겠습니다. 금융시장이 금리 상승의 늪에 빠졌습니다. 미국이 발원지인 금리 상승의 여파는 전세계로 파급되며 파장을 낳았습니다. 유럽에서도, 한국에서도 금리가 올랐습니다. 유럽중앙은행(ECB)은 금리 상승을 억제하기 위해 적극적인 액션을 취했습니다. 때이른 금리 상승세는 자칫 경제 회복을 해칠 수 있기 때문입니다.

하지만 금리 상승을 적극적으로 견제하는 ECB에 비해, 미국 연준은 어째 태연해 보입니다. 제롬 파월 연준 의장은 대중과 수 차례 소통하는 자리에서 당분간 테이퍼링은 없다면서도, 금리 상승은 경기 회복에 대한 기대를 반영한 것이라며 크게 개의치 않는 태도를 보였습니다. 이렇게 소극적인 연준의 행보에 시장은 다소 불안감을 느끼며 미국의 금리 인상이 앞당겨지는 것 아니냐는 의

구심까지 품었습니다. 미국의 금리 상승세에 탄력이 붙으면서 달러화도 연초 이후 원화를 포함한 다수의 통화에 강세로 전환했고, 달러·원 환율도 연초 저점이었던 1,080원을 뒤로 하고 3월 초순에는 1,140원 대까지 고점을 높였습니다.

2021년 1분기에 금리는 왜 빠르게 상승한 것이고, 금리 상승에 태연해 보이는 연준의 의중은 무엇일까요. 먼저, 2021년 1분기의 금리 상승은 중앙은행의 정책 도구인 기준금리가 아니라 시장 금리 상승을 일컫습니다. 대표적인 시장금리는 국채 금리이고, 미국의 국채 금리가 장기물 중심으로 빠르게 상승하면서 글로벌 금융 시장의 시선을 잡아 끌었습니다.

2021년 초에서 겨우 며칠이 지난 1월 5일, 미국 조지아주의 상원 2개 의석에 대한 결선 투표가 금리에 불쏘시개가 됐습니다. 상원 100석 중 공화당이 50석, 민주당 측(무소속 포함)이 48석이었던 상황에서 2개 의석을 민주당이 석권하면서, 부통령의 캐스팅 보트(casting vote)를 쥔 민주당이 상원의 다수당 지위를 탈환했습니다. 전통적으로 작은 정부를 지향하는 공화당에서 큰 정부를 지향하는 민주당으로 무게의 추가 넘어오자, 미국 정부의 부양책 규모가 커질 것이라는 기대가 미국채 금리를 밀어 올리기 시작하면서 코로나19 창궐 이후 처음으로 미국채 10년물 금리가 1%를 돌파했습니다. 재정 부양책의 확대는 재정 조달을 위한 국채 발행을 늘려, 수급 구조상 국채 가격을 떨어뜨리고 미국채 금리를 밀어 올리는 경향이 있습니다.

2월 16일에도 미국채 금리가 또 다시 큰 폭으로 상승했습니다. JP모건의 원자재 수퍼 사이클 진단 등 월가의 원자재 가격 강세 전망, '미국 구제 계획'에 따른 1.9조 달러 부양책(3월에 의회 통과)과는 별도로 3조 달러 안팎의 인프라 부양책까지 논의되고 있다는 소식이 또 한 번 금리 상승세에 힘을 실었습니다. 2월 25일에는 미국채 7년물 입찰에서 수요가 급감하면서 미국채 가격이 하락하고 금리가 또 한 번 치솟았습니다. 외국인 투자자들의 수요가 급감한 탓이 컸습니다.

이렇듯 미국 정부의 대규모 부양책이 미국채 금리 상승으로 이어지고 있는데, 어째서 연준은 태연해보인 것일까요.

통화정책이 지나치게 느슨하면, 즉 완화적이면 시장참가자들이 위험자산에 과도하게 투자하면서 시장에 거품이 형성되기 쉽습니다. 거품이 커질수록 언젠가 거품이 꺼질 때의 후폭풍도 거세질 수밖에 없습니다. 미국 주식시장 전반에 거품이 끼었다고 보기는 어렵지만, 일부 기술주들의 가격이 역사적으로 과대평가됐다는 시선이 많았고 연준으로서는 이러한 시선을 외면하기 어려웠으리라 짐작됩니다. 그 밖에도 2021년 1분기에 시장의 과도한 위험 추구를 보여주는 징후는 많았습니다.

1월 말에는 게임스탑(Gamestop) 종목을 공매도했던 헤지펀드에 맞서, 미국의 개인투자자들이 집단 행동에 나서며 정상적인 시장 가격과 동떨어진 움직임을 만들어낸 행태가 우려를 자아냈습니다. 광풍 수준의 스팩(SPAC, 기업인수목적회사) 시장도 요주의 대상이었습니다. 스팩은 비상장 우량기업이 우회 상장하는 지름길로 인식되는데, 스팩을 통한 유망 스타트업들의 상장 사례가 스팩 시장으로 투자자들의 자금을 끌어들였습니다.

하지만, 금리 상승세가 미국에서 위험자산 시장의 광범위한 하락을 초래한 것은 아닙니다. 코로나19 창궐 이후 1년간의 주식시장 랠리에서 뒤처졌던 경기 민감주들은 금리 상승세에 타격을 받지 않은 반면, 거품 조짐이 있던 주식들의 변동성이 커졌을 뿐입니다. 미국 주식시장만 해도, 전년도에 우월한 성과를 보인 나스닥은 기술주들의 부진으로 2021년 1분기에 열위를 보인 반면 그간 상대적으로 뒤처졌던 다우존스 지수는 힘을 받았습니다.

금리 상승세는 시장의 과도한 위험 추구를 제약하여, 거품이 형성되는 것을 미연에 억제하는 순기능도 있습니다. 금리 상승세로 연준이 바라는 것이 바로 그것인지 모릅니다. 물론, 금리 상승세가 지나쳐 금융 여건이 긴축된다면, 경제 회복세를 훼손하고 취약계층에는 더 큰 타격이 될 수 있기에 상황에 따라 연준이 적극 개입할 여지는 여전합니다. 전고점 대비 주식시장이 10% 이상 하락하면 조정, 20% 이상 하락하면 약세장으로 간주하는데 만약 다우존스 지수까지 조정 수준을 넘어 약세장으로 진입하는 상황이라면 연준이 관망할 수 없을 겁니다. 2021년 1분기의 금리 상승세와 연준의 대응은 이러한 관점에서 바라볼 필요가 있습니다.

달러화는 방패와 같아요

잘 살아보겠다고 모두가 경쟁하는 자본주의 사회구조는 시장의 장기적인 상승을 뒷받침합니다. 주식시장, 채권시장, 부동산시장 모두 과거에도 현재도 성장하고 있습니다. 시장에 올라타야 하지만 챙겨야 할 방패가 있습니다.

주식투자에 발을 디딘 목적이 자산을 사고 파는 순간의 소소한 즐거움인가요, 아니면 자산 증식을 목표로 하시나요. 진정 원하는 것은 자산 증식이지만, 그것이 불가능하다고 생각해서 자산을 사고 파는 순간의 소소한 즐거움에 만족하고 지내는 사람들이 더 많습니다.

그런데 주식투자로는 자산 증식이 불가능하다고 생각이 드는 것은 주식투자를 도박처럼 대하는 시선 때문입니다. 워런 버핏의 얘기처럼 주식투자를 평생의 동업자를 구하는 마음으로 임한다면 새로운 세상이 펼쳐질 수 있습니다. 그리고 만약 주식투자로 자산 증식을 목표로 한다면 달러화 움직임을 예측하려 하지 말고, 달러화 움직임의 특성을 이해하고 이를 어떻게 이용해서 자산 증식에 유리하게 만들 것인가를 고민해야 합니다.

여름에는 다가올 겨울을 대비해야 하고, 겨울에는 다가올 여름을 대비해야 합니다. 그런데 문제는 우리가 투자의 세계에 발을 담그면 지금이 여름인지 겨울인지조차 구별하기 힘들다는 것입니다. 설사 어렴풋이 감이 온다고 해도, 이번 겨울에 빙하기처럼 맹추위가 몰아칠지, 겨울이 온 듯 만 듯 어느새 봄이 올 지 알아채기 어렵습니다. 이렇게 우리는 타이밍을 제대로 인식하지 못합니다.

따라서 달러화를 적극적으로 사고 팔면서 타이밍을 이용해 이익을 내려 하기보다, 나의 다른 자산 가격이 하락할 때 이를 방어해 줄 방패로 달러화 자산을 항상 들고 있는 것이 좋습니다. 달러화를 창으로 쓰지 말고 방패로 써야 합니다. 주식과 같은 위험자산은 창과 같아서 창 끝이 무디어지면, 즉 성장 모멘텀이 꺾이면 교체할 수 있습니다. 하지만 튼튼한 방패는 쉽게 바꾸면 안 됩니다.

전쟁터에 나가는 병사가 덜렁 창만 들고 나가지 않습니다. 방패를 반드시 챙겨야 합니다. 싸울 때 급하다고 방패를 내려놓고 싸울 리도 없습니다. 언제 창이 훅 들어올 지 모르니 방패는 항상 손에 움켜쥐고 있어야 합니다. 방패를 땅에 내려 놓고 있었다면, 상대편의 창이 들어오는 순간 급히 들어 올려 봤자 이미 모든 상황은 종료되어 있을 겁니다. 그러니 달러화 방패는 항상 들고 있어야 합니다.

🏛️ 환율과 주가에 대응하는 가장 좋은 방법은요

금융시장을 매일 보며 면밀히 체크하지 못하는 개인 투자자들은 달러화를 움직이는 정보와 세계 경제 여건에 어두울 수밖에 없습니다. 전문투자자라고 해서 달러화 움직임에 제대로 대응하는 것은 아닙니다. 그들 역시 매일 금융시장 움직임을 체크하면서도 달러화 움직임에 잘 대처하지는 못합니다.

보통 개인 투자자들이 달러화에 관심을 가지는 경우는 달러화가 상승하는 국면이고, 달러화가 상승하기 직전의 저점에서 달러화에 관심을 가지는 경우는 거의 없습니다. 달러화가 저점에 이르는 동안에는 달러화를 언급하거나 달러화를 이 시기에 사 둬야 한다는 얘기를 듣기 어렵기 때문입니다.

달러화가 상승하는 국면의 초기에 개인 투자자들의 관심이 급증하는 것도 아닙니다. 달러화 가치, 즉 환율이 이미 큰 폭으로 상승한 뒤에야 '이제야 사야 하는 것 아닐까요' 묻는 질문이 많아집니다. 환율 움직임 자체에 적극적으로 대응해서 달러화를 사고 파는 전략은 좋지 않습니다. 최적의 매수, 매도 타이밍을 포착하는 것은 전문 외환 딜러들에게도 어려운 일입니다. 다만, 환율 움직임을 통해 주식투자에 힌트를 얻을 수 있다는 점에서 환율 움직임을 체크할 필요는 있습니다.

달러·원 환율이 전날보다 1% 이상, 즉 전날보다 10원 넘게 상승한 일이 최근에 있었다면 뭔가 불길한 일이 생긴 것이 아닐까라는 의문을 가지게 됩니다. 이럴 때는 보통 주식시장이 하락하고, 주식을 파는 사람이 많아지게 됩니다. 반대로 그 불길한 일이 금방 사라질 변수라면, 주식을 조금 싼 가격에 살 수 있는 매수 기회가 되기도 합니다.

반면, 환율이 전날보다 1% 이상, 즉 전날보다 10원 넘게 하락했다면 주식시장에는 청신호가 켜진 상황이 많습니다. 경제가 부정적이거나 나쁜 소식이 생긴 상황에서 환율이 10원 이상 하락하는 경우는 드물기 때문입니다.

그런데 환율이 어제보다 1% 이상, 10원 이상 상승했을 때 주식을 팔 것이냐 아니면 매수 기회로 활용할 것이냐를 판단하는 데 달러화 움직임에서 힌트를 얻는 데서 더 나아가, 그 전에 미리 달러화 자산을 가지고 있었다면 한결 마음이 편하지 않을까요?

미리 달러화 자산을 가지고 있다면 환율이 상승한 상황에서 내가 가진 달러화 자산의 가치가 상승했으니 떨어진 주식 가격을 상쇄해 줍니다. 물론, 달러화 자산을 얼마나 들고 있었나에 따라 상쇄하는 수준은 달라집니다. 환율과 주가 움직임에 대응하는 가장 좋은 방법은 달러화 자산을 미리 가지고 있는 것입니다. 달러화 자산으로 무엇이 좋은지는 Part 3에서 설명하겠습니다.

⚒️ 주가와 환율을 연결해서 이해해요

이제는 주가를 대응시킨 분자/분모와 달러·원 환율을 대응시킨 분자/분모를 연계해 보도록 하겠습니다. 32페이지의 그림을 다시 보면, 통화가치는 그 나라 경제의 기초체력을 보여준다고 통상적으로 얘기하는데, 그래서 환율을 얘기할 때 달러화는 미국 경제 전체, 원화는 한국 경제(를 포함하고 미국을 제외한 세계 경제)를 생각하면 됩니다.

한국 모든 기업의 이익을 합친 것을 한국 경제의 성장과 동일시할 수 있습니다. 주가와 환율을 볼 때 그렇게 간주해도 무리가 없습니다. 따라서 주가와 달러·원 환율의 분자/분모를 대응시킬 때는 경제와 주가를 동일시하겠습니다. 하나 부연하자면, 주가는 경제에 선행하는 경향이 있습니다. 미래의 경제 전망이 현재 주가에 미리 반영되기 때문입니다.

우리 수출 기업들의 이익 전망이 좋아지면 주가가 상승합니다. 우리 수출 기업들의 이익 증가는 한국 경제의 성장과 결을 같이하고, 한국 경제는 달러·원 환율에서 분모에 대응됩니다. 분모가 커지면 달러·원 환율은 하락합니다. 즉, 우리 수출 기업들의 이익 증가는 코스피 주가 상승(원화자산 가치의 상승, 원화 가치 상승)과 달러·원 환율 하락으로 연결됩니다.

64

반대로 우리 수출 기업들의 이익 전망이 나빠지면 주가는 하락합니다. 즉, 우리 수출 기업들의 이익 감소는 달러·원 환율에서 분모의 감소에 해당하니 달러·원 환율은 상승합니다. 우리 수출 기업들의 이익 감소는 코스피 주가 하락(한국 자산 가치의 하락, 원화 가치 하락)과 달러·원 환율 상승으로 연결되는 겁니다.

조금 다른 케이스로 우리 수출 기업이 아니라 미국을 제외한 다른 나라의 수출 기업을 예로, 유럽이나 중국이라고 생각해 보겠습니다. 앞에서 환율을 분자/분모로 대응시킬 때, 미국을 제외한 세계 경제를 하나로 보았습니다.

유럽 수출 기업들, (미국 제외) 세계의 이익 전망이 좋아지면 (미국 제외) 세계 주가가 상승합니다. (미국 제외) 세계의 이익 증가는 달러·원 환율에서 분모의 증가에 해당합니다. 분모가 커지면 달러·원 환율은 하락합니다. 그러니까 유럽 수출 기업들의 이익 증가는 (미국 제외) 세계 주가 상승과 달러·원 환율 하락으로 연결됩니다.

이번에는 미국 중심으로 생각해 보겠습니다. 미국 기업의 이익 전망이 좋아지면 미국 주가가 상승합니다. 미국 기업 이익의 증가는 달러·원 환율에서 분자의 증가에 해당합니다. 분자가 커지면 달러·원 환율은 상승하는데, 미국 기업의 이익 증가는 미국 주가 상승과 달러·원 환율 상승으로 연결되는 겁니다.

요약해 보겠습니다. 세계 경제 및 기업, 금융시장을 미국과 이외로 나누고 달러화를 미국에, 미국 이외를 원화에 대응시켜 봅니다. 그리고 분자/분모를 각각 달러화와 원화로 대응시킵니다. 미국 경제, 미국 기업의 (+)요인은 달러·원 환율 상승으로 연결되고 반면, 미국 이외 경제, 미국 이외 국가 기업의 (+)요인은 달러·원 환율 하락으로 연결됩니다.

🏛️ 전문가들이 장기 투자를 강조하는 이유가 뭔가요

많은 전문가들이 장기 투자하라고 역설합니다. 하지만 우리 주변에서 장기 투자하는 사람을 찾기는 어렵습니다. 동학개미운동의 멘토 같은 분들이나 마치 다른 세상 사람으로 보이는 워런 버핏 같은 대가들이 장기 투자를 얘기해봤자 우리 귀에는 와 닿지 않습니다. 우리는 빠른 결과물을 원합니다. 상승장에는 도처에서 그런 종목들이 보입니다. 다만, 내가 아직 못 산 것뿐입니다.

그런데 주변에서 무슨 주식으로 며칠 만에 몇십 퍼센트의 이익을 올렸다는 사람들이 장기적으로 그런 성공을 유지하기는 정말 어렵습니다. 그런 이익을 올린 사례만 우리 귀에 들려온 것이고, 손실 본 사례는 우리 귀에 잘 들리지 않습니다.

이익을 올린 당사자도 손실을 보고 있는 다른 종목이 있을 텐데 그 종목은 빼 놓고 이익만 골라서 자랑스럽게 얘기하는 경우가 많습니다. 손실 종목을 입밖에 꺼내더라도 목소리는 확연히 작아집니다. 그리고 나중에 전체 손익이 마이너스로 돌아선 시점에는 흘러간 세월과 함께 자연히 우리와 이미 멀어져 손실 봤다는 얘기를 우리가 듣지 못할 수도 있습니다.

역사적인 상승장에서도 모든 종목이 오르지는 않습니다. 2020년의 코스피는 미국, 유럽, 일본, 중국 대비 가장 우수한 성과를 보였는데, 1년간(2019년 말 대비 2020년 말 비교) 주가가 상승한 종목은 전체 901개 중 561개에 그쳤습니다. 비중으로는 62%였는데, 하락한 종목의 비중이 40%에 가까웠던 셈입니다.

개별 종목들을 코스피 지수와도 비교해 보면 2020년 1년 동안 코스피는 30.75% 상승했는데, 코스피보다 상승률이 높았던 코스피 개별 종목은 901개 중 275개에 그쳤습니다. 겨우 30%의 종목만 코스피 지수, 즉 시장을 이긴 것입니다. 코스피 상승률을 못 따라간 종목의 비중이 70%나 되었던 것입니다.

대박 주식이 된 어느 종목이든 매일 같이 급등한 경우는 없습니다. 대개는 평범한 움직임을 보이고, 급등한 날은 손에 꼽습니다. 장기간의 우수한 성과는 급등한 그 며칠간, 그 주식이 내 수중에 있었기 때문입니다. 하지만 그 급등한 결정적인 날들을 예측할 능력이 우리에게는 없습니다. 누구에게도 없습니다. 누군가 맞췄다면 그 순간뿐입니다.

　나의 성과는 단 며칠의 성과에 좌우되지만 우리가 그 날을 골라서 투자할 수 없다면 장기적으로 보유하면서 그 날이 생길 때마다 나의 수익으로 차곡차곡 쌓는 게 최선입니다. 인간 이상의 능력을 바랄 수는 없습니다. 투자 대가들이 장기 투자가 진리라고 역설하는 배경입니다.

　코스피가 한동안 재미 없는 시장이었지만, 코스피도 장기 보유를 했다면 높은 수익률을 올릴 수 있었습니다. 홍진채 저자의 저서 『주식하는 마음』 6장에서 한국 코스피에 1년 단위로 투자한 경우, 5년 단위로 투자한 경우, 20년 단위로 투자한 경우의 성과를 확인할 수 있습니다. 장기 투자의 성과는 놀랍습니다. 미국도 물론입니다. 윌리엄 번스타인의 『현명한 자산배분 투자자』 Part 2에서도 미국 주식시장에 대한 장기 투자의 놀라운 성과를 직관적으로 보여줍니다.

　그리고 또 한 가지. 환율 움직임이 단기에는 성과에 의미 있는 영향을 미칠 수 있지만 장기적으로 보면 무의미합니다. 장기적으로 보면 환율 움직임은 어차피 거기서 거기라는 것입니다. 장기 투자할 자신이 있다면 환율 움직임은 중요한 변수가 아닙니다.

🏅 종목 말고 재미없게 시장 전체에 투자하라는 이유가 뭔가요

투자 대가들이 하는 공통적인 얘기는 장기 투자에 더해, 종목 선택하지 말고 시장 전체에 투자하는 게 좋다는 겁니다. 투자하려고 팔걷어붙인 주린이들에게는 김 빠지는 얘기입니다. 시장 전체에 투자해서 도대체 무슨 재미로, 언제 돈을 버는 재미를 느낄 수 있을까요?

하지만, 결코 틀린 말이 아닙니다.

오죽하면 『모든 주식을 소유하라』는 책이 있을까요? 업계에서 추앙받는 존 보글(John Bogle)의 저작물입니다. 주린이라면 이 책 제목에 피식할 수 있지만, 투자업계에서는 널리 공감하는 개념입니다.

주식시장에 이제 막 발을 디딘 주린이가 종목 선택하지 말고 시장 전체에 투자하라는 얘기를 들으면 성에 안 찰 것입니다. 종목 선택해서 사는 재미를 처음부터 쉽게 포기할 성격이라면 애초에 주식시장에 발을 담그지도 않았을 겁니다.

종목을 고르기 힘들면, 내가 기꺼이 지갑을 여는 제품을 만드는 회사 주식에 투자하라는 얘기도 들립니다. 명품 가방, 명품 의류, 특급 호텔, 삼성전자, 스타벅스, 애플, 테슬라 등 사고 싶은 주식 정말 많습니다. 이런 개별 주식을 사고 싶은 내 마음을 외면하기도 어렵습니다. 그렇다면 차선책으로 시장 전체에 투자하는 비중 따로, 특정 종목 비중 따로 가져가는 것은 어떨까요? 2개의 주머니를 차는 것입니다.

시장 전체에 투자하면, 잘못된 종목을 선택할 위험을 없애줄뿐더러 특정 기업이 잘못된 사실을 놓칠 위험도 없애줍니다. 좋은 종목을 선택할 기회를 포기하는 것이기도 하지만 2020년 코스피와 개별 종목을 비교하면서 보여준 것처럼, 시장을 능가하는 종목을 우리가 성공적으로 찾았을 가능성은 평균적으로 높지 않습니다. 일반 투자자라서 그런 것이 아닙니다. 시장을 지속적으로 능가하는 펀드매니저도 거의 없습니다.

물론 일본이 그랬듯 한국이나 특정 국가의 주식시장이 장기적으로 성장하지 못할 리스크도 있습니다. 그래서 최선은 전세계 주식시장을 한꺼번에 추종하는 펀드에 투자하는 게 가장 안전하고 좋은 방법입니다. 그런 종목도 ETF시장에 있습니다. ETF는 Exchange Traded Fund의 약자로 말 그대로 거래소에 상장되어 거래되는 펀드를 일컫습니다. 일반 주식 거래하듯이 쉽게 거래할 수 있습니다. 요즘은 ETF 시장이 발달하면서 다양한 투자자의 욕구를 채워주기 때문에 웬만한 펀드는 다 있다고 보시면 됩니다. 명품 회사만 골라서 만든 ETF, 전세계 주식시장에 투자하는 ETF, 특정 테마에 투자하는 ETF, 특정 그룹에 투자하는 ETF, 특정 국가에 투자하는 ETF, 국채 ETF, 미국채 ETF 등 사실상 없는 것이 없습니다.

결론적으로 누구도 시장을 장기적으로 이길 수 없기에, 개별 주식의 개별 리스크에 손해 보지 않으려면 시장 전체에 투자하는 것이 답입니다. 하지만 내가 좋아하는 브랜드, 내가 좋아하는 회사의 주주가 되고 싶다면 시장 전체에 투자하는 비중에서 일부만 줄여서 딱 그만큼만 투자하는 것은 차선책이 될 수 있습니다.

슈카월드 (Youtube)

엄청난 구독자를 보유한 유튜브이기에 굳이 설명이 필요 없는 채널입니다. 본명이 전석재인 슈카 유튜버는 시사 상식뿐만 아니라 기술변화, 시대 흐름, 경제 및 금융시장을 막론하고 광범위한 주제를 다루는데 식견이 탁월합니다. 또한 전문가의 언어에 갇히지 않고 정말 듣기 편한 언어와 어조로 풀어줍니다. 개인적으로는 고등학교 동기였지만, 문/이과 소속도 서로 달라 같은 반이었던 적이 없어서 특별활동 시간에 축구하며 패스 몇 번 주고 받은 것이 인연의 전부입니다. 기억이 있다면 당시 교내 동아리가 막 태동하던 시기였는데, 슈카 유튜버가 독서토론 동아리를 주도적으로 모집하며 홍보에 나섰던 모습이 기억납니다.

삼프로TV - 경제의신과함께 (Youtube)

투자자들에게 영향력있는 경제 전문 채널입니다. 최고의 전문가들이 출연하여 혜안을 전하면서 주린이들에게 훌륭한 정보 채널로 인정받고 있습니다. 다만, 제가 긴 시간 시청을 즐기는 편이 아니라서 많이 접하지는 못했습니다.

오건영 부부장 (facebook)

미국 연준에 대한 깊은 이해를 바탕으로, 현재 금융시장 상황을 스토리로 풀어내는 능력이 탁월한 분입니다. 매번 장문의 에세이지만 쉽게 술술 읽힙니다. 에세이에 답글로 질문을 올리는 팬들이 많음에도, 부지런히 친절하게 답을 달아주시는 정성이 대단합니다. 대중적으로 널리 알려진 것은 2019년이지만, 은행 내에서는 이미 스타였으며, 『앞으로 3년 경제전쟁의 미래』『부의 대이동』 베스트셀러 저자이기도 합니다.

김영익 교수 (Youtube Panel)

한국 이코노미스트들의 전설, 표상 같은 분입니다. 지금은 주식시장에 대한 혜안을 전하는 정보를 다양한 루트로 접할 수 있지만, 김영익 교수님은 글로벌 금융위기 이전부터 압도적인 명성을 떨쳤던 분입니다. 지금도 중장년층에게 뜨거운 인기를 누리고 계시고 활발하게 활동을 하고 계십니다. 교수님을 모시고자 하는 곳이 많아서 Youtube에 출연하신 영상이 다양한 채널을 통해 올라오고 있습니다.

홍진채 대표 (독서 클럽)

홍진채 대표님은 과거 펀드매니저로 이름을 날린 뒤 직접 자산운용사를 차린 분입니다. 현재 라쿤자산운용 대표입니다. 회원제 독서클럽인 트레바리의 인기 클럽장으로, 높은 인기만큼 다수의 클럽을 이끌고 있습니다. 책과 친한 젊은 주식투자자들의 멘토입니다. 홍진채 대표님이 클럽에서 선정하는 책들은 버릴 것 없이 반드시 투자자들이 섭렵해야 하는 책들입니다. 저서인 『주식하는 마음』에서 방대한 독서량과 고차원적 사고의 진수를 맛볼 수 있습니다. 제목 그대로, 주식투자자가 갖춰야 할 마인드가 담겨 있습니다.

PART ★2

환율과 주식시장,
따로 또 같이 가요

달러화 강세기와 약세기,
어디에 투자할까요

환율을 예측하기 보다 환율이 오를 때와 내릴 때 글로벌 주식시장이
어떤 차이를 보이는지에 주목하며 금융시장을 바라보는 것이 좋습니다.

1장에서 환율을 분자/분모로 설명했는데, 그 내용을 복습하고 그 래프를 통하여 확인해 보겠습니다.

우리는 이분법적 사고에 익숙합니다. 복잡한 세상을 단순하게 이해하기 위한 생존 본능입니다. 피아(彼我) 구분, 남녀 구분을 포함하여 호불호, 선악 구분 등 선호나 가치 판단의 문제에서도 이분법적 잣대를 관습적으로 들이댑니다. 극단적인 이분법 사고는 인지적 오류를 일으키기 쉬워 피해야 하지만, 이분법이 우리가 세상을 받아들이는 친숙한 방식임을 부인할 수는 없습니다.

환율은 주가나 금리와 달리, 상대가격입니다. 상대가격인 데다 영향을 미치는 변수가 워낙 많기에 환율 움직임을 이해하기가 쉽

지 않습니다. 따라서, 환율을 이해할 때 이분법적 사고로 단순화하여 바라보는 것이 좋은 대안이 될 수 있습니다. 환율이 방향성을 보이며 움직일 때, 글로벌 주식시장이 어떤 차이를 만들어내는지 확인해 보겠습니다.

🪙 외환시장은 달러화가 아닌 통화와 달러화로 양분돼요

글로벌 외환시장은 달러화를 중심으로 움직입니다. 그래서 글로벌 외환시장에서 형성된 달러화의 움직임이 달러·원 환율에도 지배적인 영향을 미칩니다. 따라서, 달러·원 환율을 한국 경제와 원화를 중심으로 생각하기보다는 대외 여건, 세계 경제를 중심으로 생각하는 것이 시장 움직임을 이해하는 데 유용합니다.

특히, 환율은 단기적일수록 한국의 국내 변수보다 대외 변수에 좌우되는 경향이 강합니다. 그리고 우리의 시선은 대부분 단기에 머무르지요. 장기 투자한다고 생각하는 사람도 실제 거래는 단기에 그치는 경우가 허다합니다. 몸 따로 마음 따로 노는 곳이 바로 투자의 세계입니다.

크게 외환시장 전체를 달러화 대 비(非) 달러화의 이분법적인 구도로 볼 수 있습니다. 실제로 전세계 외환시장 거래의 십중팔구는 상대 통화를 달러화로 합니다.

달러화는 우선적으로 미국 경제를 대변합니다. 그러면 달러화가 아닌 통화는? 물론, 각 통화들은 자국의 경제를 대변합니다. 하지만 이분법적 시각을 적용하려면 미국을 제외한 세계를 그냥 하나의 단위로 간주하면 됩니다. 즉, 달러화는 미국 경제를 대변하고 나머지 모든 통화들은 미국 이외의 세계 경제를 대변한다고 생각하면 됩니다.

현재 미국 이외의 세계 경제는 중국을 중심으로 형성된 글로벌 생산 네트워크로 인해 중국 경기에 좌우되는 경향이 강합니다. 그리고 원화는 비 달러화에 속하기에 한국 경제 역시 중국 경제에 민감합니다. 참고로 2020년 1년간 한국의 총수출액에서 중국(홍콩 포함)이 차지한 비중(31.8%)은 미국, 유럽, 일본에 대한 수출액을 모두 합한 것(32.5%)과 대등할 정도였습니다. 그만큼 경제에서는 중국에 대한 의존도가 커진 것입니다.

무역 의존도가 클수록 해당 국가의 통화 가치는 최대 무역상대국 통화에 많은 영향을 받는 경향이 있습니다. 그러니, 원화는 중국 위안화의 영향을 많이 받겠지요. 외환시장의 감을 잡기 위해서는 위안화와 원화를 모두 달러화가 아닌 통화들의 같은 범주로 생각하면 됩니다.

🏔️ 달러화 약세기는 주식투자하기 좋은 시기에요

금융시장의 주요 변수인 주가도 환율을 이해하기 위한 핵심 변수인데, 상호 밀접한 영향을 주고 받는 주가와 환율의 관계에도 이분법적인 사고를 적용할 수 있습니다. 일반적으로, 달러화 가치는 전세계 주가의 흐름과 역행합니다. 〈달러화 가치와 반대로 움직이는 세계 증시〉 그래프에서 보듯 달러화 가치가 오를 때 글로벌 주가는 하락하고, 달러화가 하락할 때 글로벌 주가는 상승합니다. 이른바 '돈'의 가격이라 하는 금리 수준이 높아지면 경제 전체에 부담이 되는 것처럼, 전세계인의 '돈'인 달러화 가치가 높아져도 세계경제 전체에 부담이 됩니다.

금융은 신용을 바탕으로 합니다. 그리고 현대의 국제금융 시스템은 미국 달러화를 그 근간으로 하고 있습니다. 전세계 어디든 신용이 필요한 곳이라면 기본적으로 달러화를 매개로 신용이 제공됩니다.

국제결제은행인 BIS는 주식의 대표적 변동성 지수이자 이른바 '공포지수'인 VIX보다 달러화가 시장의 위험 선호(risk appetite) 여건을 나타내는 더 좋은 지표라고 주장하기도 했습니다. 간단히 말해, 달러화 환율이 의미 있게 상승하면 위험자산의 대표 격인 주가는 하락하기 쉽고, 환율이 의미 있게 하락하면 주가는 상승하기 쉽

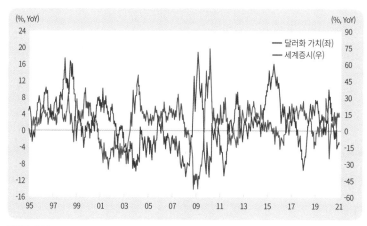

▼ 달러화 가치와 반대로 움직이는 세계 증시

(%, YoY)

— 달러화 가치(좌)
— 세계증시(우)

자료: Refinitiv

다는 의미로 이해할 수 있습니다.

가장 선호되는 통화인 달러화 가치가 하락하면 달러화를 조달 (차입)하려는 수요가 세계적으로 증가합니다. 특히, 신흥국에서는 달러 차입이 주로 은행 시스템을 통해 일어납니다. 달러화가 상승 하기 시작하면 운명의 시간이 다가오는데, 부채 상환액 부담이 커 집니다. 달러화를 차입한 주체들이 그 대가를 치러야 하는 것입니다. 차입 주체들은 증가하는 부채 부담을 짊어져야 할 뿐만 아니라, 신흥국 경제의 차입 여건마저 악화되어 결국 자국 주식시장에 까지 부정적 영향을 미치곤 합니다.

위 그래프는 1995년 초부터 2020년 말까지 26년간의 자료를 보여주는데, 달러화 가치는 달러·원 환율을 의미하는 것이 아니라 달러화의 가중평균 가치입니다. 달러·원 환율은 원화에 대한 달러화 가격을 보여주는 것이지만, 이 그래프의 가중평균 가치는 미국의 무역상대방 국가들을 대상으로 한 달러화의 평균적 가치인 것입니다.

즉, 미국의 무역 상대방인 캐나다, 멕시코, 중국, 독일, 일본, 한국 등의 통화를 망라한 뒤 무역 비중에 따라 가중치를 부여하고, 이들(통화 바스켓이라 표현합니다)에 대한 달러화의 상대적인 가치, 평균적인 가치를 산출한 것입니다. 정식 용어는 달러화의 명목실효환율이라고 합니다. 축의 단위인 %, yoy는 매 시점에 1년 전에 비해 가치가 몇 % 변했는지를 의미합니다.

그래프에서 직관적으로 달러화 가치와 세계 증시 그래프가 대체로 반대로 움직이는 것처럼 보입니다. 특히 2001년, 2004년, 2007~2011년, 2015년, 2017년 즈음 달러화 가치와 세계 증시가 서로 반대로 움직이는 현상이 더 눈에 띕니다.

이렇게 서로 비슷한 움직임을 보이는지, 반대로 움직이는지, 아니면 아무 상관성 없이 움직이는지를 표현할 때 상관계수★를 통

★ 상관관계의 수학적 의미는 한쪽이 증가하면 다른 한쪽도 증가하거나 반대로 감소하는 경향을 인정하는 두 변량(變量) 사이의 통계입니다. 상관계수가 1이면 완전히 똑같이 움직이는 것이고 -1이면 완전히 서로 반대로 움직입니다. 상관계수는 -1에서 1 사이의 값을 가지는데, 0이면 '이도 저도 아닌 관계'입니다. 말 그대로 서로 상관 없는 케이스입니다.

해 얘기합니다. 상관계수는 상관관계의 정도를 나타내는데, 서로 같은 방향으로 움직이면서 대폭 상승(하락)할 때도 함께 하고 소폭 상승(하락)할 때도 보폭이 비슷하면 상관관계가 높은 것입니다. 반면, 서로 반대 방향으로 움직이면서 움직임의 보폭(상승 또는 하락폭)이 비슷하면 반대 방향으로 상관관계가 높은 것입니다. 인과관계와는 전혀 다른 개념입니다.

전반부인 2007년까지는 상관계수가 −0.19이고, 후반부인 2008년부터는 −0.59의 상관계수를 보여서 서로 반대로 움직이는 경향이 후반부에 더 강해졌습니다. 후반부의 상관관계는 상당히 강합니다. 전반부에는 1997년까지 달러화 가치와 세계 증시가 오히려 양의 상관관계를 보인 것이 전반부 기간의 역의 상관관계를 약화시킨 듯합니다.

결론적으로 달러화가 상승하면 글로벌 주식시장은 하락하는 경향이 있고, 달러화가 하락하면 글로벌 주식시장은 상승하는 경향이 있음을 보여주는 그래프입니다. 그래서 달러화 약세기는 주식투자하기에 좋은 시기입니다.

⛏️ 달러화 가치는 미국 주가와 함께 가요

그렇다면 달러화 가치와 미국 주식시장의 관계는 어떨까요? 달러화 가치가 상대적인 가격이니, 미국 주식시장도 미국을 제외한 세계 주식시장에 비교한 성과를 기준으로 비교하겠습니다. (미국 제외) 세계 주식시장과 비교한 미국 주식시장의 성과가 우수할 때 달러화 가치는 상승할까요? 하락할까요?

다음 그래프를 보면 결론은 명확합니다. 미국 주식시장과 미국 달러화 가치는 같은 방향으로 움직입니다. (미국 제외) 세계 주식시장에 비해 미국 주식시장이 더 좋은 성과를 보이면 달러화 가치는 상승합니다. 반대도 성립합니다. (미국 제외) 세계 주식시장에 비해 미국 주식시장이 더 부진한 성과를 보이면 달러화 가치는 하락합니다.

▼ 미국 주식시장의 상대적 성과와 달러화 가치는 동행한다

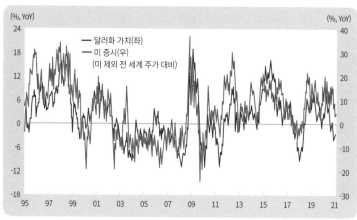

주: 미국 제외 전세계 주가는 MSCI가 산출한 지수
자료: Refinitiv

2008년 글로벌 금융위기 이전 2000년 대 미국 증시가 세계 증시에 비해 대체로 부진할 때 달러화 가치도 대체로 하락한 기간이 많았지만, 2010년 대에는 상황이 역전되어 미국 증시가 세계 증시에 대체로 우위를 보이면서 달러화 가치도 2011년과 2017년을 제외하면 전년 대비 플러스 영역에 있는 기간이 많았습니다.

그런데 그래프를 상대 가격으로 그렸으니 미국을 제외한 글로벌 관점에서도 해석해 볼 수 있습니다. 달러화가 하락하는 국면에서는 미국에 비해 (미국 제외) 세계 주식시장의 성과가 우수합니다. 반대로 달러화가 상승하는 국면에서는 미국에 비해 (미국 제외) 세계 주식시장의 성과가 부진합니다. 달러화가 (미국 제외) 전세계 주가의 흐름과 역행하는 관계로 나타나는 겁니다.

따라서 달러화가 상승하는 시기는 주식투자에 좋지 않은 시기이지만, 이왕 주식을 담는다면 상대적으로 미국 주식에 투자하는 것이 낫다는 것을 보여주는 결과입니다.

앞의 그래프도 1995년 초부터 2020년 말까지 26년간의 자료를 보여주는데, 전반부인 2007년까지는 상관계수가 0.79이고, 후반부인 2008년부터는 0.72의 상관계수를 보입니다. 기간을 불문하고 상관관계가 대단히 높은데 이 정도면 쉽게 볼 수 없는 수준입니다.

2019년 현재 전세계 GDP의 24%를 차지하는 미국 경제를 비교 대상으로 삼았을 때 미국을 제외한 나머지 76%에 해당하는 세계 경제 전망이 개선되면 달러화는 하락하기 쉽고, 반대로 미국 이외의 세계 경제 전망이 악화되는 시기에 달러화는 상승하는 경향이 있습니다.

2020년까지 수시로 달러화가 강세를 보이던 시기에, 달러화가 하락 전환되려면 중국이나 유럽 등 기타 경제권의 반등이 필요하다는 주장이 나왔던 것은 이러한 맥락으로 이해할 수 있습니다.

🏅 달러화 강세기에는 미국 주식시장이 앞서가요

앞의 그래프를 미국의 관점에서 해석해 보겠습니다. 달러화 가치는 미국 주가의 상대적 성과와 동행하는 셈이기에 달러화 강세기에는 미국에 투자하는 것이 유리합니다.

하지만, 여기서 얘기하는 달러화는 무역상대국 통화들에 대한 달러화의 가중평균 가치입니다. 앞서 설명한 달러·원 환율의 이분법으로 풀어보면 달러·원 환율을 분자/분모에 대응시킬 때, 분자에는 미국 경제를 대응시키고 분모에는 (미국 제외) 세계 경제를 대응시켰습니다. 미국 경제와 미국 기업의 이익, 미국 기업의 주가는 함께 가겠죠. 미국 경제와 다른 편에 선 (미국 제외) 글로벌 국가들도 글로벌 경제와 글로벌 기업의 이익, 글로벌 기업의 주가도 함께 갑니다.

달러화가 상승할 때는 미국 경제가 (미국 제외) 세계 경제보다 우수한 시기이므로 미국 기업의 주가가 (미국 제외) 글로벌 기업의 주가보다 우수한 성과를 보이는 시기입니다. 이 시기에 미국에 투자하면 달러화 상승에 따른 환차익에 미국 기업 주가의 상대적 우월함을 함께 누릴 수 있습니다. 따라서 달러화가 상승하는 시기에는 미국 주식에 투자하는 것이 상대적으로 유리합니다. 반대로 달러화가 하락하는 시기에는 미국보다 다른 나라 주식시장에 눈을 돌리는 것이 더 좋습니다.

여기서 한 가지 유념해야 할 것이 있습니다. 심리학 용어로 '최신 효과(recency effect)' 또는 '최신편향(recency bias)'라는 것이 있습니다. '최근 효과' 또는 '최근성', '신근성 효과', '막바지 효과'로 번역되기도 합니다. 가장 나중에 혹은 최근에 제시된 정보를 더 잘 기억하는 현상으로, 투자의 세계에서는 과거의 자료나 경험보다 최근 자료나 경험에 더 큰 비중을 두는 경향으로 나타납니다.

2021년 초 일반적인 투자자들이 기억하는 최근의 정보는 미국 주식시장이 상당기간 우월한 성과를 보였다는 것입니다. 그런데 이것이 최근의 경향이었고 우리가 부지불식간에 이러한 현상에 익숙해져 있기 때문에 마치 미국 주식시장의 상대적 우월함을 한 때가 아니라 일반적인 현상인 듯, 심한 경우는 마치 불변의 진리인 듯 인식하기 쉽습니다.

　달러화 약세기가 도래하면 미국 주식시장이 앞으로 다른 국가들의 주식시장보다 상대적으로 부진해 질 수 있다고 주장하는 것이 충분히 가능한 일이지만, 최신 효과에 빠진 많은 투자자들에게는 이 주장이 귀에 와 닿지 않습니다. 마치 미국 주식시장은 앞으로도 계속 다른 국가 주식시장보다 우월할 것으로 착각을 하기 쉬운 것이지요. 지난 10년간 달러화가 대체로 강세를 보이며 미국 주식시장이 우월했던 국면이 영원히 지속될 수는 없다는 사실을 의식해야 합니다.

🪙 달러화 약세기에는 미국 제외한 글로벌 주식시장이 앞서가요

달러화 약세기는 달러·원 환율을 분자/분모에 대응시킬 때, 분자인 미국 경제보다 분모인 (미국 제외) 세계 경제가 더 우월한 양상을 보이는 시기입니다. 기업 이익도 미국 기업의 이익보다 (미국 제외) 글로벌 기업의 이익이 더 우월합니다.

　따라서 달러화 약세기에는 미국 기업 주식보다 (미국 제외) 글로벌 기업 주식에 투자했을 때 성과가 더 좋아지기 때문에 미국이 아닌 다른 나라로 눈을 돌려야 할 시기입니다.

달러화는 상대 가격이기 때문에 천년만년 상승할 수도, 천년만년 하락할 수도 없습니다. 그 얘기는 첨단 기술을 선도하는 기업들이 즐비한 미국 주식시장이 진리인 것처럼 보여도, 미국 주식시장이 (미국 제외) 글로벌 주식시장의 성과를 지속적으로 능가할 수는 없다는 의미로 해석할 수 있습니다.

앞서 보여준 그래프 2개를 요약하면 이렇게 얘기할 수 있겠습니다. 달러화 가치와 세계 증시는 대체로 반대로 움직이기에, 달러화가 상승하면 한국을 포함한 세계 증시는 대체로 하락하고 달러화가 하락하면 한국을 포함한 세계 증시는 대체로 상승합니다. 하지만 미국 증시의 상대적 성과는 달러화와 함께 하기에, 달러화가 상승하는 시기에는 미국 증시도 상대적으로 선방하고 달러화가 하락하는 시기에는 미국 증시도 상대적으로 부진합니다. 따라서 달러화 상승기에는 미국 주식시장에 주목할 필요가 있고, 반대로 달러화 하락기에는 미국 이외 다른 나라의 주식시장으로 눈을 돌릴 필요가 있습니다.

그리고 또 한가지는 달러화 가치는 상승과 하락을 반복해 왔기에 상승한 기간이 길어졌으면 하락 국면이 도래할 수 있음을 염두에 둬야 하고, 하락한 기간이 길어졌으면 상승 국면이 도래할 수 있음을 염두에 둬야 합니다.

코스피와 환율에 관건은 수출이에요

코스피 지수가 상승하려면, 국내 기업의 주가가 상승하려면 기업 이익이 증가해야 합니다.
기업 이익의 증가는 결국 한국 경제에 피와 살이 됩니다. 또한 원화 가치와도 직결됩니다.
그 공통 분모가 뭘까요?

KOSPI(이하 코스피)는 Korea Composite Stock Price Index의 약자로 종합주가지수를 의미합니다. 코스닥과 구별되는 우리나라 대표 증권시장의 공식 명칭이 '유가증권시장'인데, 유가증권시장의 주가지수를 코스피 지수, 유가증권시장을 코스피 시장이라고 부르기도 합니다. 그리고 사람들에게는 보통명사처럼 느껴지는 유가증권시장이라는 명칭보다 코스피가 더 익숙한 용어가 되었습니다.

코스피는 기준시점인 1980년 1월 4일의 시가총액을 100으로 기준점 삼아 산출합니다. 그래서 코스피 지수가 3000이라면 1980년 1월 4일의 시가총액 대비 30배가 되었음을 의미합니다.

그런데 언제부턴가 한국 코스피는 박스피라는 꼬리표가 붙었습니다. 반도체가 호황이었던 2017년을 제외하면 선진국 주식시장의 상승세에 동참하지 못한 채 박스권에서 맴맴 돌았기 때문입니다. 코로나19가 중국에서 조용히 퍼지기 시작한 2020년 초에도 코스피 전망은 장밋빛이 아니었습니다. 하지만, 미국, 중국, 유럽, 일본과 비교했을 때 2020년 글로벌 주식시장의 승자는 단연 코스피였습니다. 그런데 새삼스럽지만 코스피가 주요국 증시의 성과를 장기간 능가했던 시기가 있었습니다.

최근 20년을 반으로 쪼개 보면 전반부의 코스피와 후반부의 코스피는 그 양상이 판이했습니다. 2001년부터 2010년까지 10년간 코스피는 미국(S&P500), 중국(상해종합), 유럽(STOXX Europe 600), 일본(TOPIX) 등 주요 주식시장의 주가지수 대비 수익률이 독보적이었습니다. 2000년 말 대비 2010년 말 종가를 비교하면 미국(-5%)과 유럽(-23%), 일본(-30%)은 모두 하락했고, 중국도 35% 상승하는 데 그쳤지만 한국 코스피는 무려 4배로 뛰었으니 수익률로는 300%를 넘겼습니다. 압도적인 격차였습니다. 이 기간에 2006년을 제외하면 나머지 9년은 코스피의 연간 수익률이 1위 또는 2위를 기록했습니다. 남들 오를 때 더 많이 오르고, 남들 내릴 때도 덜 내렸습니다.

특히, 2001년부터 2005년까지 5년간은 그야말로 코스피의 황

▼ 지난 20년간 주요국 증시의 연간 성과 비교 　(괄호 안은 연간 상승률, %)

연도	1위		2위		3위		4위		5위		원화상승폭 = 환율 낙폭
2001	한국	37	미국	(13)	유럽	(17)	일본	(20)	중국	(21)	(3.73)
2002	한국	(10)	중국	(18)	일본	(18)	미국	(23)	유럽	(32)	10.73
2003	한국	29	미국	26	일본	24	유럽	13	중국	10	(0.54)
2004	한국	11	일본	10	유럽	10	미국	9	중국	(15)	15.22
2005	한국	54	일본	44	유럽	23	미국	3	중국	(8)	2.32
2006	중국	130	유럽	18	미국	14	한국	4	일본	2	8.80
2007	중국	97	한국	32	미국	4	유럽	(0)	일본	(12)	(0.67)
2008	미국	(38)	한국	(41)	일본	(42)	유럽	(46)	중국	(65)	(25.68)
2009	중국	80	한국	50	유럽	28	미국	23	일본	6	8.16
2010	한국	22	미국	13	유럽	9	일본	(1)	중국	(14)	2.62
2011	미국	(0)	한국	(11)	유럽	(11)	일본	(19)	중국	(22)	(1.48)
2012	일본	18	유럽	14	미국	13	한국	9	중국	3	7.58
2013	일본	51	미국	30	유럽	17	한국	1	중국	(7)	1.44
2014	중국	53	미국	11	일본	8	유럽	4	한국	(5)	(3.99)
2015	일본	10	중국	9	유럽	7	한국	2	미국	(1)	(6.24)
2016	미국	10	한국	3	유럽	(1)	일본	(2)	중국	(12)	(2.91)
2017	한국	22	일본	20	미국	19	유럽	8	중국	7	12.82
2018	미국	(6)	유럽	(13)	한국	(17)	일본	(18)	중국	(25)	(4.05)
2019	미국	29	중국	22	유럽	23	일본	15	한국	8	(3.52)
2020	한국	31	미국	16	중국	14	일본	5	유럽	(4)	6.45

주: 미국(S&P 500), 유럽(STOXX Europe 600) 중국(상해종합), 일본(TOPIX)과 한국(KOSPI) 비교
자료: Refinitiv

1995~2020년	미국	중국	유럽	한국	일본
연평균	14.04	11.06	7.52	6.64	0.92
표준편차	18	43	19	32	24
최고	34	130	38	83	58
최저	(38)	(65)	(46)	(51)	(42)

주: 중국과 한국이 최고, 최저 모두 절대값이 큰 반면, 선진국 증시는 최고, 최저의 격차가 작습니다. 선진국 주식시장의 리스크가 상대적으로 적음을 알 수 있습니다.
자료: Refinitiv

금기였습니다. 5년 연속으로 연간 수익률이 가장 우월했습니다. 하지만 2010년 대에 들어서면서 상황이 달라졌습니다. 글쎄 그 왕년의 코스피가 자취를 감췄습니다. 2011년부터 2020년 말까지 10년 간 미국 주가지수가 3배, 일본이 2배로 뛰는 동안 코스피(40%)는 유럽(45%), 중국(24%)과 함께 도토리 키재기 수준의 상승에 그치고 말았습니다. 그나마 코스피가 모처럼 불을 뿜었던 2020년을 제외하면, 2010년 대 코스피는 제자리 걸음이었습니다.

코스피와 환율은 반대로 가고, 코스피와 원화는 함께 가요

2001년 이후 코스피 황금기는 달러화 약세의 시작과 사실상 겹쳤습니다. 미국 경제가 2001년 3월 경기 침체에 진입하면서 달러·원 환율이 반짝하며 4월 초 정점(장중 최고 1,365.3원)을 찍었지만, 이내 하락을 타진했습니다. 이어 달러화 인덱스*도 2001년 7월 초

★ 달러화 인덱스는 6개 major 통화에 대한 달러화의 평균적 가치입니다.

121(pts)을 정점으로 하락을 타진했습니다. 코스피는 2001년 10월부터 상승하여 2007년 10월에는 2000 포인트를 넘어섰고, 같은 기간에 달러·원 환율은 900원까지 레벨을 낮췄습니다. 코스피와 원화 가치가 동반 상승한 것입니다. 원화 가치 상승은 환율이 하락한 것을 의미합니다.

당시 달러화의 광범위한 하락세는 유로화의 외환시장 데뷔에 탄력을 받았습니다. 유로화가 처음 도입된 것은 1999년이지만 실물화폐가 통용되기 시작한 것은 2002년 초였습니다. 그런데 유로화는 유럽 통합의 아이콘이었을 뿐만 아니라 유럽 다수 국가들이 공동으로 채택했기에 기축통화의 잠재력을 품고 있었습니다.

사실, 유로화 출범(1999년 1월 1일) 직후에는 달러화에 약 25%가량 하락했지만, 실물화폐 도입을 계기로 의구심이 걷히면서 가치가 상승하기 시작했습니다. 당시는 IT붐을 타고 미국 주식시장에 거품이 형성되었고 그와 함께 상승했던 달러화가 과대 평가되었다는 인식이 팽배했던 상황이었죠. 그런 상황에 유로화의 잠재력이 재평가되면서, 2002년 4월 이후 달러화 약세가 본격화되었습니다. (미국 제외) 세계 경제 범주에서 보면 유럽의 호재가 반영

된 것이었습니다.

외환시장에 유럽 호재만 있었던 것이 아닙니다. 미국 경제가 경기 침체에 진입한 2001년부터 2004년까지는 미국의 쌍둥이 적자가 가파르게 증가하면서, 전세계에 달러화 공급이 급증했고 달러화 가치 하락을 부추겼습니다. 2004년 중에도 유로화의 급등과 달러화의 광범위한 하락이 진행되는 가운데, 중국 경기 과열 및 한국 조선업의 최대 호황기가 겹치며 원화 자체의 강세 압력까지 더해졌습니다.

2000년 대 초반에는 중국 덕에 코스피와 원화 강세가 절정이었어요

당시 코스피 황금기와 함께 했던 원화 강세의 일등 공신은 따로 있었습니다. 바로, 미국의 결단으로 2001년 11월 중국에게 세계무역기구(WTO: World Trade Organization)의 문이 열린 것입니다. 중국이 WTO에 가입함으로써 세계 경제에 본격 편입되어 비약적 성장의 발판이 마련되었습니다.

당시에 미국의 클린턴 대통령이 의회를 설득했던 논리는 중국에 WTO의 문호를 열어 자본주의를 확산시키면 결국 민주주의의 길을 걸어 자유 진영에 합류할 것이라는 것이었습니다. 하지만 이후 중국이 걸어 온 길은 전혀 딴 판입니다. 그들은 중국 특색의 미리 정해진 길을 걸었고 민주주의와는 오히려 멀어졌습니다.

어쨌든 중국의 WTO 편입은 한국의 수출에 일대 전환점이 되었습니다. 한국의 수출이 미국에서 중국으로 대거 방향을 틀었습니다. 단지 방향만 돌린 것이 아니라 수출이 날개를 달면서 원화 강세 압력을 드높였습니다.

2001년에는 당시 최대 수출국이었던 미국이 경기 침체에 빠져 수출이 12.7% 감소했지만, 2002년부터 중국의 WTO 가입 효과가 나타나기 시작하면서 한국 수출이 가파르게 증가했습니다. 2002년 8.0%, 2003년 19.3%로 증가한 데 이어, 2004년에는 31.0%로 증가 폭이 확대되었습니다. 그리고 2005년부터 증가폭은 둔화(12%)되었지만 증가율은 두 자리수를 유지했습니다. 2001년 대비 2011년의 수출액은 3.69배로 증가했고, 연평균 증가율은 14%를 기록한 것입니다.

2002년부터 5년간 전세계 수출액은 1.40배 증가했고(연평균 6.9%), 한국의 수출액은 2.16배로 증가했으니(연평균 16.7%) 증가율이 전세계와 비교했을 때 2.4배에 이를 만큼 한국의 수출 성장세가 두드러졌습니다. 즉, 2002년부터 본격화된 달러화 약세기는 한국 수출의 급성장이 뒷받침된 원화 강세 압력이 더해지면서 탄력을 받았습니다.

이 과정에서 2001년 20%를 넘었던 미국 수출 비중이 2006년
에는 13%로 급격히 하락한 반면, 중국으로의 수출 비중은 같은
기간 12%에서 급증하여 20%를 넘어섰습니다. 2001년 WTO에
편입된 중국의 잠재력을 보고 전세계 기업들이 중국에 앞다투어
진출했고 중국에 거대한 산업 생태계가 뿌리를 내리기 시작하면
서, 중국이 세계의 공장으로 도약했습니다. 한국 기업들은 중국에
앞선 기술력을 토대로 중국 성장의 과실을 향유했습니다.

달러화 약세기, 즉 원화 강세기에 (미국 제외) 글로벌 주가가 상

▼ 제조업 강국의 수출 변화 추이

주: 최근 1년간의 수출이 그 직전 1년간에 비해 어느 정도로 변화했는지 지수로 표현한 것입니다. 즉, 최근 1년간의
수출액을 그 직전 1년간 수출액을 기준점(100)으로 지수화한 것. 중국의 WTO 편입이 발효된 2001년 12월 이후
글로벌 금융위기 전까지 중국의 수출이 대폭 증가하자, 일본이나 독일에 비해 한국의 수출 증가 효과가 훨씬 컸음
을 확인할 수 있습니다.
자료: Refinitiv

승하며 코스피도 상승한 그림이 나왔던 것인데 코스피와 원화 가치가 상승한 강도가 상대적으로 컸던 시기였습니다. 그리고 그 공통 분모는 한국의 수출이었습니다.

하지만, 안타깝게도 한국의 수출 시계는 2011년에 멈춰섰습니다. 2017년 전후 반도체 호황기가 있었지만 2020년 수출액(5,128억 달러)은 2011년 수출액(5,552억 달러) 대비 오히려 뒷걸음질쳤고, 전세계 트렌드에도 뒤처졌습니다. 전세계 수출은 2011년 이후 2019년까지 8년간 연평균 2%씩 증가했지만, 한국의 수출은 같은 기간에 연평균 0.3%씩 감소했습니다.

세계적인 보호무역 추세로 수출 증가세가 확연히 둔화되었고,

▼ 한국의 연간 수출액 추이

주: 중국의 WTO 가입은 2001년 11월 결정, 12월 중 발효
자료: Refinitiv

한국은 전통적 수출 산업의 성장이 한계에 봉착하면서 오히려 수출액이 감소했습니다. 철강 등 중국발 공급 과잉과 중국의 기술 자립이 한국의 수출 시장을 잠식했습니다. 한국은 차세대 신산업에서도 선도하기 보다는 따라가기 급급했습니다.

🪙 2000년 대 초반과 같은 환율 하락과 코스피 상승, 가능할까요

2020년을 거치면서 장기적으로 보면 달러화 자체는 하락할 채비를 갖춘 것으로 보입니다. 물론, 일직선으로 하락하는 그림은 웬만해서 나오지 않습니다. 그런데 달러·원 환율이 어디까지 하락할지는 원화 자체의 동력이 얼마나 강할지도 중요한 변수입니다. 반도체 이후의 차세대 성장 산업이 출현하지 않는다면, 원화 자체의 동력은 반도체 경기에 크게 좌우될 것입니다.

한국의 수출에서 반도체 산업이 차지하는 비중은 지난 5년간 부쩍 커졌습니다. 그러면서도 전체 수출액이 증가하지 못한 것은 다른 산업들이 부진했음을 의미하기도 합니다. 게다가 중국이 반도체까지 자립하겠다며 자본력을 총동원하고 있습니다. 1~2년 만에 뒤집히지는 않을 것이라고 하지만 내심 불안한 것은 부인할 수 없습니다.

한국이 다른 산업에서 경쟁력을 키우지 못한다면 2020년 하반기부터 나타난 수출 증가세가 반도체 호황기를 지나고 나면 다시 가라앉을 가능성이 높아, 원화 자체의 동력이 지속적으로 제공되기 힘들다고 봅니다. 한국의 수출이 재도약하지 못한다면 2000년대 초반과 같은 기세로 원화 가치가 상승하기도 어려울 것입니다.

이미 시작된 것인지도 모를 다음 달러 약세기에 달러 · 원 환율이 얼마나 하락할 지는 달러화도 중요한 변수가 되겠지만, 원화 자체만 보면 직전 달러 약세기 2000년 대의 최저점이었던 900원에는 못 미칠 가능성이 커 보입니다.

선진국의 경우에는 상관성이 약하긴 하지만 한국을 포함한 신흥

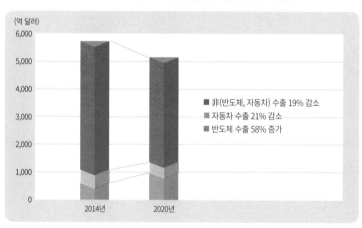

▼ 반도체를 제외하면 어려움을 겪고 있는 한국의 수출

자료: Refinitiv

국의 경우에는 통화 가치와 주식시장은 동행하는 경향이 강합니다.

원화 가치와 코스피는 함께 상승하고 함께 하락하는 것이고, 환율이 상승하면 코스피가 하락하고 환율이 하락하면 코스피가 상승하는 경향이 강한 것입니다.

달러·원 환율이 향후 하락기에 들어서는 경우에도 한국 기업들의 수출이 강하게 성장하지 못한다면 기업의 이익도 크게 증가하기 어렵기 때문에 환율도 크게 하락하기 어려울 것으로 보입니다. 한국 기업들의 경쟁력이 재도약하지 못한다면 코스피도 다른 국가 주식시장을 크게 앞서기 어렵고 환율도 크게 하락하기 어려운 것이지요. 그래도 한국 기업들의 선전을 기대합니다.

🪙 다음 달러 약세기는 어디에 주목해야 할까요 ①

직전 달러 약세기의 견인차는 유로화의 출현이었습니다. 그럼 다음 달러 약세기의 견인차는 무엇일까요? 한 가지 가능성은 중국의 위안화입니다. 중국 당국은 위안화 가치가 상승하건 하락하건 속도가 지나치게 빠른 것을 불편해 합니다. 사실 이 부분은 중국 당국에만 해당하는 것이 아니라, 어느 국가도 환율이 지나치게 빠르게 변동하는 것을 내켜 하지 않습니다.

하지만 중국은 경제력에 비례하여 자본시장이 충분히 성장하지 못했기에, 자본시장이 상당한 성장 잠재력을 품고 있습니다. 그리고 2018년부터 중국의 주식과 국채 등 주요 금융자산들이 글로벌 벤치마크에 속속 편입되고 있습니다.

특정 국가의 주식이나 채권이 글로벌 벤치마크에 편입된다는 것은 자본시장에서 굉장히 중요한 의미를 가집니다. 글로벌 벤치마크를 추종하는 글로벌 자본의 규모가 엄청나기 때문입니다. 주식시장의 대표적인 벤치마크 제공자는 MSCI(Morgan Stanley Capital International)인데, MSCI가 설정하는 다양한 지수들에 포함되느냐 탈락하느냐가 자본 유출입에 상당한 영향을 미칩니다.

예를 들어 MSCI World 지수는 2020년 말 현재 23개 선진국 주식시장에 상장된 중형주, 대형주 1,600개의 성과를 나타내는 지수입니다. 이와 달리, MSCI Emerging Markets 지수는 27개 신흥국 주식시장에 상장된 중형주, 대형주 1,380개의 성과를 나타내는 지수입니다.

한국은 어디에 포함되어 있을까요? 주식시장에서 이런 글로벌 벤치마크를 산출하는 대표적인 제공자로 MSCI, FTSE, S&P가 있는데 FTSE, S&P가 한국을 선진국으로 분류하고 있지만 MSCI는 신흥국으로 분류하고 있습니다.

그런데 한국 주식시장에는 외국 자본 중 미국계 자본이 가장 많이 투자되어 있고, 미국계 자본들이 대개 MSCI 지수를 추종합니다. 그래서 주식시장에서 한국은 신흥국으로 취급되고 있습니다.

이런 연유로 신흥국에 악재가 터지면 MSCI Emerging Markets 지수에 투자된 자본들이 빠져나가고, 자동적으로 한국 코스피에서 외국 자본이 빠져나가는 상황으로 연결됩니다. 한국 투자자들에게는 한국이 선진국 범주에 포함되는 것이 더 유리하다고 볼 수 있습니다. 글로벌 투자자들에게도 선진국은 안전한 범주에 속하기 때문에 신흥국만큼 위험하게 보지 않고, 금융시장에 악재가 터져도 상대적으로 선진국 시장은 둔감하게 반응을 합니다.

채권시장에도 이러한 글로벌 벤치마크 설정자들이 존재하고, 중국의 주식과 채권이 이 글로벌 벤치마크에 속속 편입되고 있습니다. 그 과정에서 자동적으로 글로벌 투자자들의 벤치마크 추종 자금이 중국 주식과 채권에 투자됩니다.

이는 결국 위안화 자산시장이 커지고 위안화가 금융 거래에서도 활용 가치가 커짐을 의미하는 것으로, 위안화 자산의 저변이 전 세계로 확대될수록 경제력에 비해 충분히 성장하지 못한 위안화 자산의 잠재력이 재평가될 가능성도 높아집니다.

전세계 중앙은행들의 외환보유고에서 아직까지 보잘것없는 위안화 자산 비중도 대거 확대되는 시기가 오리라 봅니다. 그리고 위안화 활용의 저변이 넓어질수록 안전자산으로서의 가능성도 재평가될 수 있습니다. 따라서 다음 달러 약세기에는 위안화 자산에 대한 수요 확대 및 중국 금융시장으로의 자본 유입 과정에서 위안화가 강세를 보이며 달러화 약세를 견인할 가능성이 있습니다.

🏮 다음 달러 약세기는 어디에 주목해야 할까요 ②

달러 약세기의 주역이 될 만한 또 다른 후보는 Bitcoin(비트코인)입니다. 인플레이션 헤지 수단으로서 누리던 금의 인기를 Bitcoin이 대체하고 있다는 평가가 심심치 않게 들립니다. 이제는 Bitcoin을 디지털 금이라고도 합니다. 통화 발권력을 손에 쥐고, 놓치면 안 된다는 위기감을 느끼는 각국의 통화 당국 및 규제 당국은 Bitcoin의 부상을 불안한 시선으로 바라보고 있습니다. Bitcoin과 후발 코인들의 가능성은 어디까지일까요.

사실 얼마 전까지 Bitcoin의 가능성을 제한적이라 생각했습니다. 그런데 미래는 아무도 알 수 없지요. 조금 달라진 생각이 있다면, 급성장하는 디지털 사회에서 구현될 기술 생태계와 그 안에서 분출될 디지털 시대 인간들의 욕구가 결합되어 통화의 새로운 미래를 열어젖힐 가능성은 없을까 하는 생각입니다. 발권력을 쥐고 있던 국가의 통제력을 벗어난 국제 통화가 진정 불가능한 것일까요.

Bitcoin에 지금이라도 투자해야 하나 많은 분들이 고민해 보거나 군침을 흘렸을 겁니다. 이제는 가격이 어마 무시해졌습니다. 1 Bitcoin이 $60,000를 돌파했으니(2021년 3월 중) 한국 원화로는 6천만 원을 넘어가는 부담스러운 금액입니다. 그림의 떡인가요? 하지만, 소수점 단위로도 투자할 수 있어서 최소 투자금이 1 Bitcoin 이상일 필요는 없습니다.

대안도 있습니다. 2021년 2월에는 Bitcoin ETF가 캐나다에서 처음 출시되어 주식 계좌에서 쉽게 거래할 수 있게 되었습니다. 추가적인 Bitcoin ETF가 시차를 두고 각국에서 뒤따라 상장될 것으로 보입니다. 이외에도 Bitcoin을 사업에 적극적으로 활용하거나 보유한 기업에 투자하는 대안이 있습니다. 몇몇 혁신 기업들의 CEO가 Bitcoin의 가능성을 보고 투자하여 회사의 자산으로 편입한 바 있습니다. 트위터(Twitter)와 스퀘어(Square)의 CEO 잭 도시(Jack Dorsey), 테슬라 CEO 일론 머스크(Elon Musk)가 그 주인공들입니다. 잭 도시의 스퀘어는 핀 테크(FinTech) 기업으로, Bitcoin을 사업적으로 활용하고 있을 뿐 아니라 2020년에 3분기에 평균 $10,000달러를 조금 넘는 가격에 5000개에 가까운 Bitcoin에 투자했습니다. 4분기에도 추가 투자하여 2020년 말 현재 Bitcoin 보유액만 스퀘어 기업 자산의 5%에 달합니다. 잭 도시는 개인적으로도 별도의 금액을 투자한 것으로 알려져 있습니다. 머스크도 15억 달러를 투자하고 테슬라 차량 판매시 지불 수단으로 허용하겠다고 발표했습니다(2021년 2월).

한 발 앞서 미래를 내다보는 그 CEO들의 안목과 경영 능력을 믿는다면, 우리가 Bitcoin에 직접 투자하는 대신 그 대안으로 Bitcoin을 자산으로 보유한 해당 기업 주식을 매입하는 것도 가능합니다. 물론, Bitcoin이 그들 기업의 자산에서 차지하는 비중으로 치면 아직은 크지 않습니다. 다만, 그들의 혜안은 Bitcoin을 활용해서 사업 기회를 창출하고 확대하고 있습니다.

Bitcoin에 대한 부정적 시선은 주로 각국 중앙은행과 제도권 내 인사들에게서 나옵니다.

"비트코인 투자금을 모두 날릴 수 있다"며 Bitcoin을 향한 열풍을 17세기 네덜란드 튤립 투기 파동으로 치부한 인사도 아일랜드 중앙은행 총재였습니다. 발권력을 내놓을 수 없다는 중앙은행가들의 의지가 느껴지는 발언입니다. 그의 말대로 될지 알 수 없지만, 그저 장식용이었던 튤립과 달리 Bitcoin은 이미 민간에서 실제 결제 기능을 하고 있으며 혁신 기업가들이 활용도를 넓히고 있습니다.

잭 도시는 2018년에 Bitcoin이 10년 안에 단일 통화가 될 것이라 믿는다며 Bitcoin의 미래를 높게 평가했습니다. 하지만 Bitcoin이 부상하는 과정에서 각국 규제 당국이 어깃장을 놓으면서 논란 역시 끊이지 않을 것으로 보입니다. Bitcoin에 대한 경계심으로 치면 달러화 특권을 누려왔던 미국이 제일입니다. 이는 곧 Bitcoin

가격의 급변동을 초래할 가능성도 높이겠지요. 따라서, Bitcoin과 관련된 기업 주식에 투자한다면 우리 역시도 그에 따른 변동성에 마음을 졸이게 될지 모르니 어느 정도의 투자 비중을 가져갈 지도 고민이 필요합니다. 또 Bitcoin 가치와는 별도로 이미 해당 기업들의 주가가 과대평가되었다는 우려가 존재하는 것도 사실이기에, 리스크가 큰 만큼 몰빵 투자는 자제할 필요가 있어 보입니다.

필자가 Bitcoin을 바라보는 시선이 잭 도시의 예언만큼 낙관적이지는 않습니다. 결정적인 한계가 있기 때문입니다. Bitcoin의 결정적인 단점은 공급이 제한되었다는 사실입니다. Bitcoin의 총 발행량은 2140년까지 2,100만개로 고정되어 있습니다. 공급이 제한되었는데 가격만 오르면 결국 결제 수단으로 쓰기 어려워집니다. 즉, Bitcoin이 화폐가 되면 디플레이션이 만성화될 수 있습니다.

이 논리는 직관적으로 이해하기 어려우니 조금 더 설명하겠습니다. 먼저, 우리에게 익숙한 단어인 인플레이션이라는 것이 무엇일까요? 돈으로 가치를 매긴 물건 값이 오르는 것입니다. 그만큼 동일한 금액으로 물건을 구매할 수 있는 능력이 떨어지는 것입니다. 즉, 돈의 구매력이 떨어지는 것이지요.

그럼 그 반대인 디플레이션은 돈의 구매력이 커지는 것입니다. 그럼 소비자들은 돈 쓰는 게 아까워집니다. 물건 값이 갈수록 하락하니, 조금만 더 구매를 늦추면 같은 돈으로 더 많은 물건을 살 수 있을 테니까요. 그래서 Bitcoin 가격이 상승할수록 결제에 이용하기는 어려워집니다. 테슬라가 차량 구매에서 Bitcoin을 결제 수단으로 인정하겠다고 했지만, Bitcoin 보유자로서는 Bitcoin 가격이 상승할수록 소비를 자꾸 늦출 수밖에 없겠지요. 그래서, Bitcoin 같은 암호화폐가 장기적으로 국제 통화 기능을 훌륭하게 갖추려면 공급이 탄력적으로 변할 필요가 있습니다. 암호화폐 세계에서 Bitcoin에 버금가는 이더리움(Ethereum)은 발행량이 제한되지 않았다는 점에서 차이가 있습니다.

대중의 수요가 있고 쓰임새가 있으면 누른다고 눌러지지 않고 숨긴다고 숨겨지지 않습니다. Bitcoin이 그런 것일지 모릅니다. Bitcoin의 미래를 긍정적으로 예견하면, 국경 없는 디지털 세계에서의 기축통화 정도가 아닐까 싶습니다. 하지만, 불확실성이 큰 것도 사실입니다. 그렇다면 우리가 할 수 있는 현명한 선택은 Bitcoin 투자금을 모두 날려도 내 자산에 심각한 타격이 없을 수준으로만 관련 자산을 담는 것이 아닐까요. 너무 늦기 전에 말입니다.

한편, 주요국 중앙은행들은 Bitcoin과 같은 암호화폐를 견제하며 중앙은행이 발행하는 디지털 통화를 서두르고 있습니다. 중앙은행 디지털 통화가 게임 체인저가 될 수 있을지는 Part 4에 후술하겠습니다.

🪙 다음 달러 약세기는 어디에 주목해야 할까요 ③

봉급을 뜻하는 영어 'salary'의 어원이 salt(소금)에서 비롯되었다는 것은 널리 알려진 사실입니다. 고대 로마시대에 군인들에게 소금을 급여로 주는 등, 소금이 화폐의 역할을 한 시대가 있었습니다. 교도소에서는 담배가 화폐의 역할을 하기도 합니다. 비흡연자인 수감자에게도 담배는 교환의 매개수단이자 계산의 단위이며 가치의 저장수단인 화폐의 기능을 지닙니다. 2차 세계대전에서 패망한 직후의 독일 사회에서도 담배는 한동안 화폐의 구실을 했다고 합니다.

이렇게 소재 자체가 가치를 지니는 화폐를 물품화폐 또는 실물화폐라 하는데, 금이 대표적입니다. 금이 인류 역사에서 화폐로 가장 널리 쓰인 이유를 화학적으로 분석할 수도 있습니다. 118가지 원소의 주기율표에서 시작하여 기체 성격의 원소를 지우고, 쉽게 부식되거나 발화(發火)와 같은 화학 반응을 일으키는 원소, 인체에 치명적인 방사성 원소를 제외하는 식입니다.

화학적인 성격을 토대로 지워나간 뒤에는 시장성을 기준으로 철(Fe)과 같이 풍부하여 희소성이 적거나 너무 희소한 원소를 제외하고, 인류가 발견한 지 그리 오래되지 않은 원소를 제외하면 금, 플래티넘(백금), 은이 남습니다. 그런데 플래티넘은 용해점이 너무 높아(섭씨 1,769도), 가공하여 금속으로 주조할 수 있게 된 건

불과 산업혁명 이후 시대에 와서입니다. 금은 공기 중 녹이 슬거나 부식되지 않고 화학적 공격에도 쉽게 반응하지 않는데, 이러한 점에서 대기 중에서 서서히 변색되는 은에 비해 화학적 특성에서도 우위에 있습니다.

화학적으로 축복받은 금은 우리 시대에 그저 귀금속의 하나일 뿐이지만 세계의 화폐 역사에서 강력한 족적을 남겼습니다. 주조 화폐로서의 금화는 이미 기원전부터 사용된 것으로 전해집니다. 금본위제도(Gold standard system)는 금 일정량을 화폐단위로 정하는 제도를 통칭합니다. 1816년 영국이 금본위제도를 채택한 뒤 19세기 후반에는 전 세계적으로 금본위제도가 실시되면서 금은 실물 화폐로써 한 시대를 풍미했습니다.

금본위제도에서 각국 통화는 금의 중량을 기준으로 그 가치가 정해져 있어, 환율은 금을 통하여 고정되기 때문에 금본위제도는 전형적인 고정환율제도입니다. 그러나, 1차 세계대전을 계기로 금본위제도를 포기하는 국가가 속출하자, 새로운 체제가 형성되었습니다. 금 대신에 미국 달러화를 국제결제에 사용하도록 하고, 금 1온스의 가격을 35달러로 고정해 태환(兌換, conversion)하는 한편 다른 국가의 통화는 달러화와 교환하도록 하여 달러화가 명실상부한 기축통화로 부상했지요. 금본위제의 한 형태인 금환본위제(Gold exchange standard system)이며, 1944년 출범한 브레튼우즈

(Bretton Woods) 체제였습니다.

이후, 1971년 미국 닉슨 대통령이 달러화의 금 태환 포기를 선언하면서 금본위제도는 역사의 뒤안길로 완전히 퇴장하는 듯 보였습니다. 금에 매였던 달러화의 족쇄가 풀리면서 인플레이션의 시대가 도래하였고, 이로써 물가 안정이 중앙은행들의 통화정책 목표가 되는 전환점이 되었지요. 물론, 그 시대의 인플레이션에는 중동전쟁에서 이스라엘을 지지한 국가들을 향해 석유수출국기구가 보복성으로 초래한 석유 파동도 기여했습니다.

하지만, 금은 여전히 가치의 저장수단으로 높게 평가받고 있어 중앙은행들의 외환보유고에서 주요 자산 형태로 자리하고 있을 뿐만 아니라 산업용 금속으로도 활용도가 높습니다. 10여년 전의 미국發 글로벌 금융위기 당시에는 달러화 위상에 흠집이 생기면서, 금본위제도 부활이나 대안 통화를 주장하는 목소리가 등장하기도 했습니다. 이 과정에서 금은 2011년 9월 당시로서는 역사적 최고점인 트로이 온스당 1,920달러에 도달하기도 했는데, 경제성장으로 구매력이 상승한 인도와 중국의 높은 실물 수요도 2008~2011년 금 가격의 랠리에 힘을 보탰습니다.

금본위제도가 구시대적 유물같이 느껴지지만 금본위제도의 신봉자가 완전히 사라진 것은 아닙니다. 트럼프 대통령이 임기 후반에 미국 연준 이사로 지명했던 주디 셸턴(Judy Shelton)은 코드 인사 논란으로도 주목을 받았지만 금본위제 지지자로도 화제가 되었습니다. 그런 그녀는 트럼프 대통령이 재임할 경우 차기 연준 의장 후보로까지 거론되었습니다. 하지만 바이든 정부가 들어서자, 이러한 이력들 때문에 이사 지명이 철회되면서 연준 입성이 무산되었지요.

한편, 워런버핏은 황금 보기를 돌 같이 하는 것으로 유명해서 투자 대상으로서의 금을 평가절하 합니다. 디지털 금으로 불리는 Bitcoin을 바라보는 버핏의 시각도 금과 다르지 않습니다. 그랬던 그가, 정확히는 버크셔 해서웨이의 투자 펀드가 2020년에 캐나다 금광회사인 바릭골드(Barrick Gold Corporation)에 투자했다는 것이 공시를 통해 알려지며 화제가 되기도 했습니다.

하지만 그의 포트폴리오에서 해당 주식의 비중은 그가 보유한 애플 주식 평가액의 1%에도 못 미친 수준이었던 데다, 그가 해당 투자 결정에 관여했는지도 확실하지 않습니다. 90세를 넘긴 고령의 버핏은 투자 의사 결정을 후임 매니저들에게 대부분 넘긴 지오래입니다. 게다가 그의 펀드가 투자한 것은 금광회사이지, 금이아니었습니다. 금광회사는 금과 달리 확인할 수 있는 재무제표가 있고 영업으로 창출하는 현금흐름도 있고, 보유한 자산이 있고, 배당금도 지급합니다.

여기서 잠시, 은(silver)을 금과 비교하자면 금과 은은 닮은 듯 다른 구석이 있습니다. 투자 자산으로서의 수요가 있고 산업에서 활용된다는 공통점이 있는데, 금은 산업재보다 투자 대상으로서의 수요가 더 많다면 은은 투자 대상보다 산업재로서의 수요가 더 크다는 차이가 있습니다. 특히, 태양광 등 친환경 소재로 은의 활용 가치가 높아졌습니다. 또 하나의 공통점은 둘 다 가격이 달러화 기준으로 표시되고 거래되기 때문에 달러화 가치에 영향을 받는다는 것인데, 달러화 가치 하락은 금과 은의 가격을 높이고 달러화 가치 상승은 금과 은의 가격을 낮추는 경향이 있습니다.

그래서 국제 금 가격, 즉 달러화 기준의 금 가격은 미국의 실질 금리와 반대로 움직이는 경향이 강합니다. 명목 금리에서 인플레이션을 차감한 실질 금리 자체가 해당 통화의 진정한 돈 값에 가깝기 때문에 미국의 실질 금리가 상승하면 금 가격이 하락하고 실질 금리가 하락하면 금 가격이 상승합니다.

국내외 실질 금리의 차이는 환율과 달러화 가치를 좌우하는 국제 자본의 이동에도 중요한 변수입니다. 자본은 금리가 낮은 곳에서 높은 곳으로 이동하려는 속성이 있기 때문이지요. 그래서 명목 금리인 미국채 금리만 볼 것이 아니라 실질 금리에 해당하는 물가 연동국채 금리도 함께 볼 필요가 있습니다.

TIPS(Treasury Inflation Protected Securities)라 불리는 미국 물

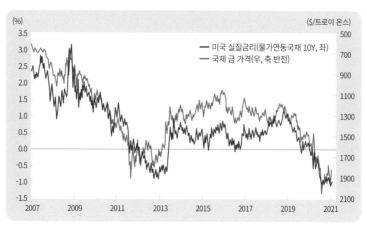

▼ 미국의 실질 금리에 역행하는 국제 금 가격

자료: Refinitiv

가연동국채의 10년물 금리는 2021년 초에도 여전히 마이너스 영역에 있습니다. 달러화의 매력을 높이기 어려운 수준입니다. 다만, 2021년 초 현재 실질금리가 더 하락할 여지는 희박해 보입니다. 코로나19 백신이 경제를 정상 궤도로 돌려놓을 것이라는 기대가 커졌기 때문입니다.

따라서 다음 달러 약세기에 금의 수혜를 논하기에는 이미 힘을 다 한 듯합니다. 미국 실질금리가 내릴 만큼 내려서 금 가격도 오를 만큼 오른 것으로 볼 여지가 있기 때문입니다. 금에 대한 관심이 약해지면서 그 관심은 디지털 시대 금이라 불리는 Bitcoin으로 이미 넘어갔습니다.

환율이 변하면
국내 기업 주가에 영향을 미쳐요

환율이 상승하면 수출 기업의 매출액이 증가한다고 생각하기 쉽습니다.
하지만 정말 그럴까요? 마찬가지로, 환율이 하락하면 수출 기업의 매출액이 감소할까요?

환율이 춤을 추면 경제 주체들의 희비도 엇갈립니다. 달러화 매출 비중이 큰 수출 기업은 환율이 상승하면 화색이 돌 것이고, 환율이 하락하면 울상이 됩니다. 반면 달러화로 결제할 수입 원재료 비중이 큰 기업의 입장은 그 반대가 됩니다. 그런데 과연? 정말 그럴까요? 그렇게 간단한 문제는 아닙니다.

원화로 환산한 수출액은 어떻게 계산되나요?

수출액 = 환율×상수(常數)★ 이렇게 간단히 계산되지 않습니다. 수출액은 환율, 제품의 수출 단가, 그리고 수출 물량 이렇게 3요소의 함수입니다. 그리고 환율의 변화는 수출 단가나 수출 물량의 변화를 수반하는 경우가 일반

> ★ 상수: 변하지 않고 항상 같은 값을 가지는 수

적입니다. 환율이 수출 단가나 수출 물량에 영향을 미치기보다는 경제 여건의 변화가 이 세가지 변수를 모두 변화시킨다고 볼 수 있습니다.

🪙 환율이 하락해도 수출액이 증가할 수 있어요

예를 들어 볼까요? 달러·원 환율을 기준으로 환율이 하락하면 두 통화간에 상대적으로 달러화의 가치는 하락한 것이고, 원화의 가치는 상승한 것입니다. 그런데 달러화의 가치가 하락하고 원화의 가치가 상승하게 되는 배경이 뭘까요? 미국 자산에 대한 글로벌 투자자들의 사랑이 식은 것일 수도 있고, 한국 자산을 매입하려는 투자 수요가 붙을 뿜은 것일 수도 있습니다. 아니면 두 가지 상황이 동시에 발생하는 상황일 수도 있습니다.

거듭 강조하지만 가격의 변동, 금융시장의 움직임은 현재의 상황을 반영하는 것이 아니라 변화의 방향을 반영하는 방향으로 움직입니다. 기술과 트렌드를 선도하는 미국 기업 주식에 너도 나도 투자해서 가격이 치솟았는데 주위를 둘러 보니 소외되어 있던 한국 주식은 오를 만큼 안 오른 것입니다. 미국 기업의 주가는 과대 평가된 반면, 한국 기업의 주가는 과소 평가된 상황, 2020년 하반기가 그랬습니다.

이러한 아이디어를 실행에 옮기면 미국 자산 비중을 줄여 달러화를 마련한 뒤, 한국에 들고 와서 외환시장에서 원화로 환전한 다음 한국 자산을 매입하게 됩니다. 이 과정에서 달러화를 팔고 원화를 매입하니 달러화 가격은 하락하고 원화 가격은 상승합니다. 즉, 달러·원 환율이 하락합니다.

이렇게 달러·원 환율이 하락하는 상황에 한국 기업의 주가는 오릅니다. 왜 오를까요? 현재 시장가격에 주식을 매입하는 투자자는 자신의 판단보다 주가가 저렴하다고 판단한 것입니다. 현재 가격이 과소 평가되었다고 판단한 것이니, 한국 기업의 미래 전망이 개선되고 회복되면서 시장의 이목을 끌었을 가능성이 높습니다. 미래 전망의 개선 또는 회복 없이 갑자기 시장의 관심이 쏠리긴 힘들겠지요.

수출 기업의 미래 이익 전망이 좋아진 상황을 수출액의 구성 요소에서 찾아 보겠습니다. 제품이 잘 팔리거나 (수출 물량의 증가) 아니면 높은 가격을 주고서라도 사겠다는 수요가 많아지거나 아니면 제품 라인업 중에 가장 고가의 제품이 불티나게 팔리는, 그래서 평균 수출 단가가 상승하는 상황입니다.

그러면 수출액은 어떻게 될까요? 한국 기업 전망이 좋아서 외국인들이 한국 주식 사려고 달러화 보따리를 한국 외환시장에 풀어 놓습니다. 환율은 하락합니다. 그런데 세계를 무대로 하는 한국 기업의 제품 수출 물량이 더 크게 증가합니다. 어떤 경우에는 사겠다는 수요가 증가하니 제품 단가 자체도 상승합니다. 수출 물량과 단가가 함께 상승하는 상황입니다. DRAM과 NAND로 대표되는 메모리 반도체에서 관측되곤 하는 패턴입니다. 이런 경우 수출 물량과 단가는 증가폭과 상승폭이 상당히 커집니다. 그에 비해 환율의 변화, 즉 환율 하락폭이 점잖은 수준이라면 원화로 환산한 수출액은 증가할 수 있습니다. 물론, 환율 하락이 가파른 시기에는 원화로 환산한 수출액이 감소하는 상황도 가능합니다.

🪙 환율이 하락해도 기업마다 사정이 달라요

세상의 변화에 능동적으로 대처한 기업은 변화의 바람을 앞에서 이끌며 시장을 개척하기도 합니다. 디스플레이 중 OLED★, 전기차에 장착하는 배터리, 또는 의료기기 등을 예로 들 수 있습니다. 시장이 태동하는 초기에 시장을 장악하는 제품들은 가격도 높고 마진도 상대적으로 높을 겁니다. 고급스러운 표현으로 고부가가

★ OLED의 경우는 스마트폰용과 TV용 OLED에서 각각 삼성과 LG가 독보적인 시장 점유율을 향유하고 있습니다. 보급형 스마트폰 디스플레이로는 LCD가 사용되지만 고급형 스마트폰 디스플레이에는 OLED가 사용됩니다. OLED의 수출 단가는 2020년 현재 디스플레이 품목 평균 수출단가의 6배 수준인 것으로 알려져 있습니다.

치 제품을 양산하며 이익이 증가하는 케이스입니다.

수출 물량이나 단가가 상승하지 않더라도 기업이 생산하는 제품 라인업 중에 고가 레벨의 제품들이 불티나게 팔리면 환율 하락 쯤은 우스운 수준이 될 수 있습니다.

이런 케이스들은 환율이 하락하는 상황에 그리 민감하지 않습니다. 오히려, 이러한 경제 여건의 개선이 있었기에 환율 하락이 동반된 것입니다. 문제는 위의 케이스들에 해당하지 않는 기업들입니다. 기술력이나 경쟁력 측면에서 우위를 확보하지 못했거나, 진입 장벽이 낮아 해외 시장에서 자사의 제품을 대체 가능한 외국 제품들과 경합하고 있다면 환율 하락은 그야말로 쥐약입니다. 결국 환율 하락이 고스란히 기업의 수익에 타격이 되는 기업들은 상당한 압박에 노출됩니다.

환율 변화에 대한 내성이 이렇게 기업마다 차별화된다면, 한국 경제 전체적으로는 어떨까요? 보통 한 국가의 통화 가치는 경제의 펀더멘털(fundamental), 즉 기초체력을 반영한다고 합니다.

한국 경제의 펀더멘털이 호전된다면 원화 가치도 상승한다는 의미입니다. 한국 경제의 펀더멘털이 개선되면 KOSPI 주가지수는 어떻게 될까요? 두말할 것 없이 상승할 가능성이 높습니다. 그래서 환율이 하락하는 상황에서는 한국의 주가 상승이 동반되는 경향이 있습니다. 또 다른 각도에서 보면 달러화가 하락하는 상황에서 (미국 제외) 글로벌 주가 상승이 동반되는 상황이기도 합니다.

⚒️ 환율이 상승하면 수출 기업이 마냥 좋을까요

여기까지는 경제 여건이 긍정적이기 때문에 환율이 하락하는 상황이었습니다. 반대로, 경제 여건이 부정적인 상황이면 어떨까요? 반대의 상황일 가능성이 높습니다.

해외 수요 부진으로 수출 물량이 감소하고 제품 자체의 수출 단가도 하락할 수 있습니다. 또한 경기가 불황이다 보니 기업의 제품 라인업 중에서도 고가 제품보다는 저가 제품 수요가 상대적으로 늘어나면서 평균적인 수출 단가가 하락할 수도 있습니다. 이런 부정적인 상황에서 대체로 환율은 상승합니다. 즉, 부정적인 경제 여건에서는 달러화 가치가 상승하는 경향이 강합니다.

따라서 환율이 상승하는 상황은 경제 여건이 나빠져서 수출액의 3요소인 환율, 단가, 물량 중에 단가와 물량이 감소하면서 어려움을 겪는 기업이 많아집니다. 환율이 상승한다고 해서 웃을 수 있는 상황이 아닌 것이지요. 다만, 이런 상황에서도 수출 단가나 물량이 증가하는 산업이 있기 마련입니다. 코로나19 창궐이 마스크를 제작하는 회사들이나 진단 키트를 생산하는 기업에게 매출 호재로 작용했던 것처럼 말입니다.

한편, 한국의 수출은 글로벌 경제의 온도를 나타내는 좋은 지표로 쓰입니다. 한국의 수출은 대외 여건에 민감하고 특히, 중국 의존도가 높기 때문에 글로벌 투자자들이 주시하는 중국 경기 방향성까지 시사합니다. 게다가 한국의 주력 산업인 반도체가 경기에 선행하는 특성 때문에 한국 수출은 우리 주린이에게도 중요한 지표라고 볼 수 있습니다.

북한 변수와 미·중 관계에 대한 환율과 주가 반응은 온도차가 있어요

사회에서 직장인들은 연봉으로 자신의 가치를 평가받지만, 주식 시장에 상장한 개별 기업들은 시장에서 그 가치를 매일 수시로 평가받습니다. 미래 현금흐름 창출 능력과 이익 성장성을 바탕으로 평가된 기업들의 주식 가격은 종합하여 상징적으로 코스피와 같은 주가지수로 표현되지요.

한국 고유의 변수인 지정학적 리스크나 미·중 관계 등 대외적인 변수도 일부 영향을 미치긴 하지만, 그보다는 개별 기업의 미래 이익 성장성이 기본적으로 가장 핵심적인 변수입니다.

그런데 환율은 조금 다릅니다. 여기서는 한국 경제가 논의 대상이니 원화 가치를 기준으로 설명하겠습니다. 원화 가치는 기본적으로 한국의 통화 가치이기 때문에 한국 경제 현실이 투영될 것이고, 개별 기업의 미래 이익 창출 능력들이 모여 그 한 축을 형성합니다.

하지만 미·중 관계와 같은 국제정치 역학, 한국 고유의 변수인 지정학적 리스크 등 거시적인 변수가 미치는 영향은 주가지수보다 통화가치를 반영한 환율에서 더 크게 나타납니다.

즉, 국제적 변수와 지정학적 변수 등 거시적 요인은 주가 및 환율에 미치는 영향에 있어, 그 경중(輕重)이 다릅니다. 시장의 반응을 예로 들어 보겠습니다.

북한과 관련된 리스크는 아직도 법적으로 전쟁을 종결짓지 못한 한국의 경제와 주식시장에 고질적인 마이너스 요인입니다. 2020년 6월 16일 오후 3시경에는 북한이 개성에 있던 남북공동연락사무소 청사를 폭파해버렸습니다. 그런데 오후 3시 30분에 마감되는 한국의 주식시장과 외환시장에는 장이 마감되고 나서야 이 사실이 알려졌습니다. 놀란 금융시장의 반응은 다음 날인 6월 17일에야 시장에 반영되었습니다. 이 지정학적인 리스크는 외환시장에서 원화 자산을 매도하는 변수였으니, 원화 가치가 하락하면서 달러·원 환율이 상승했습니다. 이는 전날에 비해 0.57% 상승한 것이었습니다. 전날의 종가는 1,207.2원이었는데, 이 날 하루에 6.7원 상승해서 결국 1,213.9원에 마감했습니다.

그런데 코스피 주가도 하락했을까요? 그렇지 않았습니다. 원화 가치가 하락한 것과 달리, 코스피 주가는 오히려 살짝 올랐습니다. 시가 총액 상위 종목 중 반도체 대장주들이 소폭 오른 데다(삼성 전자 0.19%, SK하이닉스 1.64%), 언택트(untact)와 플랫폼 성장 가능 성으로 각광받은 Naver, 2차 전지 대장주(LG화학 0.82%, 삼성 SDI 2.26%)들이 업황 전망에 힘입어 선전했기 때문입니다. 북한 리스 크는 주식시장에 지배적 변수가 아니라 부수적 변수에 불과했음 을 방증한 사례입니다.

다음 날인 6월 18일에도 외부 변수가 있었습니다. 점심 무렵

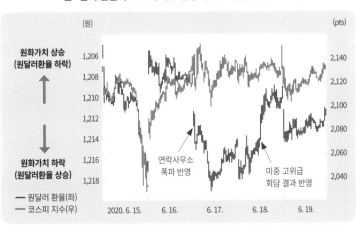

▼ 원·달러 환율과 코스피 지수 반응의 온도차(10분 단위 차트)

자료: Refinitiv

미국과 중국의 고위급 회담(폼페이오와 양제츠) 결과에 대한 소식이 전해진 것입니다. 하와이에서 진행된 이 회담은 한국 시각으로 18일 새벽 4시부터 진행되었는데 이날 점심 무렵 가장 먼저 중국 외교부를 통해 회담 결과에 대한 코멘트가 전해졌고 그 즉시 달러·원 환율이 몇 원이나마 급락했습니다. 이 무렵은 코로나19의 유행에 대한 중국 책임론, 홍콩 국가보안법 제정 등 이슈로 미국과 중국이 표면적으로 사사건건 대립하던 시기였는데, 모처럼 갈등을 노출하지 않은 '건설적인 대화'였다는 코멘트가 나왔기 때문입니다. 갈등 요소를 크게 드러내지 않고 회담을 마쳤다는 데 시장이 안도한 셈이었습니다.

이 날(18일) 서울 외환시장에서 달러·원 환율은 1,216.2원에 개장했는데 점심 때 전해진 그 뉴스로 하락해서 1,208원에 마감했습니다. 전날 종가에 비해서도 5.9원 하락(△0.49%)했습니다. 달러화 가치가 하락한 것이니, 상대적으로 원화 가치는 그만큼 상승한 셈입니다. 그렇다면, 이번에도 코스피는 다르게 움직였을까요?

역시나 그랬습니다. 원화 가치는 전날에 비해 상승했지만, 코스피는 반대로 0.35%만큼 하락했습니다. 대장주인 삼성전자는 움직임이 둔했던 반면(0.19%), 당시 시가총액 3위였던 삼성바이오로직스(△1.70%), 4위인 Naver(△1.39%), 2차 전지(LG화학 △0.10%, 삼성SDI △1.95%) 등 대형주가 부진했기 때문이고, 각 기업의 업황에 대한 평가가 갑자기 나빠졌다기 보다는 단기간에 강한 상승세를 구가하던 일부 테마주에서 차익실현이 나왔기 때문입니다. 반면, 미·중 고위급 회담 결과는 코스피 지수의 움직임에서 체감하기 어려웠습니다.

투자 전문 서적

결국 스스로 판단하는 힘을 기르려면 보고 듣는 데 그치지 말고, 책과 친해지는 수밖에 없다고 생각합니다. 국내 저자로는 홍춘욱 이코노미스트님과 홍진채 대표님 책을 좋아합니다.

번역서도 훌륭한 책들이 많지만, 주린이들에게는 일장일단이 있는 것 같습니다. 벤저민 그레이엄의 『현명한 투자자』는 워낙 오래 된 고전이라서 최근의 사례로 설명되어 있지 않고 분량도 많다 보니, 아쉬움을 느낄 수 있습니다. 하지만 주린이가 가장 먼저 접해야 할 책입니다.

윌리엄 번스타인의 『현명한 자산배분 투자자』는 단지 주식이 아니라 우리 재산을 어떻게 배분하고 굴릴지를 설명하는 책입니다. 만약, 투자자가 단 한 권의 책만 볼 수 있다면 이 책을 봐야 한다고 생각합니다. 번역자인 김성일 님이 한국 독자들을 위해 한국인을 위한 자산 배분도 별도로 분석해 주었습니다만, 배경 지식이 전혀 없다면 이해가 조금 어려울 수 있습니다.

이외에, 투자자가 쉽게 빠지는 심리적 함정을 극복하기 위해서 대니얼 카너먼의 『생각에 관한 생각』이나 하노 벡의 『부자들의 생각법』 같은 책들을 보며 심리적 근육을 키울 필요가 있습니다. 투자자가 쉽게 빠지는 함정을 의식하고 거리를 두려 노력하는 것과 어떤 함정이 기다리고 있는지 모른 채 시장에 덤비는 것은 결과에서 큰 차이를 만들어 낼 수밖에 없습니다.

홍진채 대표님의 『주식하는 마음』은 각 챕터마다 투자자들을 위한 좋은 책들이 많이 소개되어 있습니다. 독자의 관심사에 따라 골라 보면 좋을 듯합니다.

PART ★3

군중심리에 올라탔으면,
돌아볼 것이 있어요

친구 따라 S주식 샀는데, 이제 어떡하죠

친구 따라 S주식을 샀을 때, 내가 할 수 있는 일은 언제 파느냐의 문제일까요?
아닙니다. 무엇인가를 더 사야 합니다. 자꾸 사다 보면, 자산 사는 재미도 쏠쏠합니다.
그런데 무엇을, 왜 더 사야 할까요.

주변에서 주식투자 성공담이 들려옵니다. '(스치듯 흘려 들었던 그 때) 나도 살 걸' 하는 후회가 밀려 오고 부러움이 샘솟지만, 다른 한편으로는 지금이라도 살까 조바심이 납니다. 주식시장이 상승 궤도에 올라 고공행진 할수록 주식 계좌를 만들어 주식시장의 거친 바다에 뛰어드는 사람들이 부쩍 늘어납니다.

주식을 사고 나면 안도감은 잠시, 이내 불안감이 몰려 옵니다. 매일 주가를 확인하며 하루라도 하락하면, 아니 장중에 잠깐 마이너스가 보여도 금세 팔까 하는 생각이 듭니다. 이 조급한 마음을 어떡해야 하나요. 이건 아닌데? 그런데 이미 엎질러진 물. 벌써 여기까지 와 있습니다. 그럼 이제 운에 맡기는 방법 밖에 없을까요?

여러분은 독자 행보를 선호하나요? 아니면 다른 사람들에게 물어가는 편인가요? 개인 취향이라고 생각할 수 있습니다. 그런데 투자를 할 때는 휩쓸리지 말고 남들과 다르게 생각할 필요가 있습니다.

하노 벡 저자의 『부자들의 생각법』에는 프랙탈 기하학의 선구자 브누아 망델브로가 전한 일화가 나옵니다. 망델브로의 유대인 아버지가 2차 세계대전 당시 수용소에 있을 때였습니다. 저항군이 수용자들을 풀어주며 빨리 도망치라 합니다. 수용자들은 떼를 지어 달렸습니다. 그런데 망델브로의 아버지가 갑자기 그 무리에서 벗어나 울창한 숲으로 들어갔습니다. 그러자 독일 폭격기가 뛰어가던 수용자 무리들을 폭격해 몰살시켰습니다. 그 선택으로 망델브로의 아버지는 목숨을 건졌습니다.

🪙 S주식을 산 뒤 대응하는 방법들

주변 사람들을 따라 투자했을 때의 장점이라곤 나중에 손해봤을 때 같이 푸념할 사람이 옆에 있어서 위안이 될 수 있다는 것입니다. 그런데 바쁜 사정이 생겨 나만 팔지 못한 경우도 생길 수 있습니다. 결국 언제 파느냐의 문제만 남은 건가요?

그렇지 않습니다. 친구 따라 S주식을 샀을 때는 여러 가지 대안이 있습니다. 쉽게 생각할 수 있는 대안은 믿을 만한 주식이니 오래 묵힐 생각으로 잊고 지내는 방법이 있겠고, 아니면 목표 수익률을 정해 놓은 뒤 도달했을 때 미련 없이 파는 방법도 있습니다. 운이 나쁘다면 매입한 가격보다 잠시 낮아진 주가에서 갑자기 자금이 필요해져서, 불가피하게 손해를 감수하고 파는 경우도 생길 수 있습니다.

하지만 그것이 전부가 아닙니다. 우리가 새로운 사람을 만날 때, 그 사람을 오래 두고 만날 평생 친구로 만들 수도 있지만 인간 관계에서 그게 가능한 전부인가요? 아닙니다. 새로운 사람과 친구가 된 뒤, 매일 같이 그 친구 눈치만 살피며 살아 갈 필요는 없습니다. 또 다른 친구를 만들기도 하고 다른 모임에 가기도 하면서 관계를 넓혀 갑니다.

S주식을 매입한 뒤에도 우리에게는 또 다른 기회가 열려 있습니다. 매일 같이 S주식의 가격만 확인할 필요가 없습니다. S주식이 그 나름대로의 길을 가는 것을 응원하고 지켜보면서도 또 다른 주식을 살 수 있고, 채권을 살 수도 있고, 펀드나 ETF를 살 수도 있습니다. ETF의 세계는 무궁무진해서 우리 시대에는 ETF 상품들만으로도 다양한 투자 목적을 달성할 수 있게 되어 있습니다.

🏅 축구팀을 짜고, 야구팀을 조직하는 마음으로 다양한 자산을 보유해요

야구 감독은 팀을 강속구 투수 9명만으로 구성하지 않습니다. 넓은 그라운드에 효율적으로 배치된 각자의 포지션에서 최고의 플레이를 할 수 있도록 포지션별 경쟁력 있는 선수로 짜임새 있게 팀을 구성합니다. 투수와 포수의 궁합도 중요합니다.

축구도 골 넣는 스트라이커 11명으로 팀을 구성하지 않습니다. 야구와 마찬가지로 포지션별 최적의 조합을 찾아 베스트 멤버로 팀을 꾸려 경기에 나섭니다. 실력이 출중하지만 함께 발을 맞춰 뛸 때 시너지가 나지 않는 선수들이 있다면, 다른 조합을 고민하기도 합니다.

자산에 투자할 때도 좋은 종목 하나에 몰빵(집중 투자)하는 것보다 서로 다른 성격의 경쟁력 있는 자산을 다양하게 보유하는 것이 좋습니다. 한국 부동산 보유자는 부동산만 계속 구매하는 것보다는 주식으로 다양화하는 것이 좋고, 한국 주식만 투자하기보다는 미국 등 해외 주식까지 범위를 넓히는 것이 더 좋습니다. 미국 국채와 같은 안전자산을 추가하는 것도 훌륭한 조합을 만들어 냅니다.

여기서 핵심은 단지 다른 자산이 핵심이 아니라 자산 가격의 움직임이 가급적 서로 다르게 움직이는 것입니다. 그래야 다른 자산의 성과를 보완해주어, 전체 자산 가치를 안정적으로 관리할 수 있습니다. 장기적으로 가격이 상승하는 좋은 자산들이라도, 특정 기간을 잘라 보면 움직임을 함께 하는 자산이 있는가 하면 반대로 움직이는 자산도 있습니다. 즉, 상관관계가 낮은 이질적인 자산을 추가해야 합니다.

S주식과 업종이 다른 국내 주식을 편입해 봤자, 어차피 한국 기업입니다. 한국 주식을 들고 있으니 부동산까지 있으면 더 좋겠지요. 하지만, 한국 주식을 들고 있는 사람이 장기적으로 한국 주식과 같은 방향으로 움직이는 한국 부동산을 추가하는 것보다는 미국 부동산이나 미국 주식, 미국 채권을 추가하는 것이 내 자산을 구성하는 데 있어서 더 좋은 방법입니다. 상관관계가 더 낮기 때문입니다.

한국 부동산과 한국 주식은 자산의 성격은 다르지만, 같은 원화 자산의 범주에 속하기 때문에 한국 경제의 영향을 함께 받습니다. 반면, 한국주식과 미국 주식은 자산의 성격이 같을지라도 원화 자산과 달러화 자산이 가지는 다른 특성 때문에 서로 보완적인 자산을 구성하는 데 더 효과적입니다. 더욱이 한국 주식 보유자가 미국 채권을 추가하면 환상의 짝궁, 최상의 조합이 됩니다. 한국 부동산 보유자라면 미국 주식이 훌륭한 투자 대안이 됩니다. 그래프와 상관계수 등 조금 더 구체적인 설명은 〈더 읽을 거리〉-③, ④에 담았습니다.

⛏️ 해외 투자 기피는 한국에만 몰빵(집중 투자)하는 리스크를 지는 것

해외 자산에 투자하면 환율 리스크를 짊어져야 한다며 거부감을 가질 수 있습니다. 하지만 해외 투자를 하지 않는 것은 오히려 한국에만 몰빵(집중 투자)하는 리스크를 지는 것이나 마찬가지입니다. 달러화 자산을 보유함으로써 환율 변동에 내 자산을 노출시키는 것은 리스크라기 보다는 오히려 보험에 가입한 것처럼 내 자산 가격의 하락을 헤지하는 효과를 볼 수 있습니다.

만약 한국 주식시장에서 거래 가능한 해외 ETF인데 환율이 헤지된 상품이라면 어떨까요? 환율이 헤지가 되었다면 그것은 원화 자산의 특성을 덧씌운 셈이 됩니다. 해외 투자의 의미를 희석시켜 버리는 것이지요. 환율 헤지를 함으로써 외국 자산에 투자한 효과는 상당폭 포기한 것이나 마찬가지입니다. 해외 투자의 장점을 굳이 발라내버렸으니 해외 투자 아닌 투자가 되는 것입니다.

환율은 상대가격이기 때문에 장기적으로 보면 거기서 거기라고 얘기할 수 있습니다. 장기적으로 국가간 인플레이션에 큰 차이가 없다면 그렇습니다. 기간을 짧게 보면 다르지만, 주가와 같은 해당 자산의 고유한 가격 움직임에 비하면 해당 통화의 장기적 환율 차이는 미미한 경우가 많습니다. 단기 투자로 모험할 생각이 아니라면 환율 리스크에 신경쓰기 보다는 해당 자산 본연의 가치에 보다 집중하는 것이 낫습니다. 환율 변동을 리스크로 보지 말고, 내가 보유한 한국 자산의 가격 변동 리스크를 헤지해 주는 방패라고 인식하는 것이 좋겠습니다.

🪙 내가 투자를 잘하고 있는 것인지 궁금하다면

투자자들은 내가 잘 투자하고 있는 것인지 항상 궁금해 합니다. 한 번쯤은 피해갈 수 없는 질문입니다. 내가 잘 하고 있는 것인가를 물을 때 비교 대상의 실태를 파악하는 시도를 하게 됩니다. 한국의 주식투자자들은 주로 어디에 투자하고 있을까요.

주식시장만 놓고 보면 한국의 투자자들은 역시 한국에 우선 투자합니다. 어느 나라 투자자건 가장 친숙한 자국 주식시장에 먼저 투자를 합니다. 해외 투자는 잘 모르기 때문에 일단 망설이게 됩니다. 자연히 국내 투자부터 하게 되는 겁니다. 2020년에 국내 젊은 투자자들 중심으로 해외 주식투자 열풍이 불었지만 그래도 비중으로 보면 국내 주식투자의 절반에도 훨씬 못 미칩니다. 2020년 개인들의 해외 주식투자금액은 국내 주식투자금액의 1/3을 조금 넘는 수준이었습니다.

하지만 해외 투자 자체는 증가하고 있습니다. 한국예탁결제원의 증권정보포털에서 확인해 보면 2020년 해외 주식에 대한 연간 순매수 금액은 2019년 대비 8배로 증가했습니다. 그런데 국가별 쏠림이 심했습니다. 테슬라, 애플, 아마존 등 대표적인 기술주를 집중적으로 매입하면서 미국에만 90.0%를 투자했고, 그 다음으로 중국과 홍콩에 각각 5.7%, 4.1%씩 투자했습니다(순매수 기준). 한국인의 해외 주식투자는 사실상 미국 주식투자의 동의어나 다름없었던 것이었습니다.

주변에서 미국 대표 기술주를 많이 언급하고 성공담을 듣다 보니 한 두 명씩 올라탄 사례가 많았으리라 짐작됩니다. 2020년 4월 이후 기록적인 상승장에 미국 기술주들의 주식 가격이 기록적으로 솟구치다 보니 이 기업들에 대한 기대치도 높아졌습니다. 한국의 젊은 투자자들이 미국 주식투자 성공 스토리를 양산했고, 이에 반기를 드는 것은 환영받지 못하는 일이 되었습니다. 만약 이런 상황에서 미국에 투자한 자본의 일부를 중국이나 다른 유망 투자처에 배분해서 비중을 조절해야 한다는 의견을 제시하면 다들 시큰둥한 반응을 보이거나 반론에 쉽게 직면하게 될 것입니다.

남들 따라갈 때는 상당한 경계심을 가질 필요가 있습니다. 인기

많은 주식은 과대평가되어 있을 가능성이 높습니다. 그 주식의 비중을 낮추고 그 성과를 보완해 줄 다른 자산을 찾는 노력을 해야 합니다. 그 대안으로 중국 기술주, 미국 외 국가의 주식이나 미국 채권 등에도 눈을 돌릴 필요가 있습니다.

요약하겠습니다. S주식을 매입한 뒤에는 언제 팔 것이냐 하는 문제에 매몰됩니다. 그런데 매입한 주식을 좋은 가격에 잘 파는 것만이 능사가 아닙니다. 사고 파는 소소한 재미가 아니라 자산을 불리는 재미가 훨씬 더 크고, 우리가 진정 원하는 것도 후자입니다.

S주식을 매입했으면 무엇을 더 살 것인가를 고민해야 합니다. S주식 가격이 변동했을 때 나의 자산을 안전하게 지켜 줄 다른 자산이 존재하기 때문입니다. 이때 다른 자산을 살 때는 시선을 멀리, 넓게 봐야 합니다. 한국의 다른 주식만 찾을 것이 아니라 중국이나 미국 주식, 금, 미국 국채 등 해외로 시야를 넓혀야 합니다. 각광받는 미국 주식에만 투자하는 것이 좋은 성과를 안겨주었겠지만 분산의 관점에서 다른 자산에도 관심을 가져야 합니다.

또, 환율 변동은 리스크가 아니라 한국의 자산 가격 변동 위험을 경감시켜주는, 즉 위험을 일부 헤지해주는 안전판입니다. 한국 주식만 보유하고 있으면 이런 안전판을 가질 수 없습니다.

환율에 투자해볼까요

환율이 꿈틀대며 탄력적으로 움직이기 시작하고 언론과 주변에서 환율을 언급하는 빈도가 높아지면 환율 방향성에 투자하려는 수요가 많아집니다. 이때 환율 방향성에 베팅해야 할까요.

만유인력으로 유명한 아이작 뉴턴(Isaac Newton)과 거시경제학의 대부 존 메이너드 케인스(John Maynard Keynes)는 비상한 지적 능력을 투자의 세계에까지 뻗쳤던 위인들입니다. 하지만, 세간에 알려진 투자 결과는 대조적인데요.

뉴턴은 "천체의 움직임은 계산할 수 있어도 인간의 광기는 도저히 계산할 수 없다"는 말을 남긴 것으로 유명합니다. 전해지는 어록만으로, 그 자신이 시장의 광기에 올라 탔다가 크게 손해를 보았음을 짐작할 수 있고 실제로 그러했습니다. 그는 금융 버블의 역사에서 단골로 회자되는 남해회사(The South Sea Co.) 버블의 희생자가 되었습니다.

그는 남해회사 주식을 매입한 뒤 두 배의 가격에 팔아 큰 이득을 봤지만, 이후에도 주가가 솟구치자 다시 거액을 투자했다가 속된 말로 상투를 잡았습니다. 이미 급등한 주식을 추격

> ★ 급등주에서 기회를 틈타 상승세를 쫓아가는 방법입니다. 기업의 본질적 가치가 아니라 주가 차트에 미혹될 때 추격 매수를 하게 되므로, 투자자로서 배제해야 할 감정에 이끌리는 것은 아닌지 냉정하게 판단해야 합니다.

매수★(follow-through buying)했다가 낭패를 봤습니다. 주가 상승기에는 상승하는 주식을 추격매수하고 싶은 충동이 생기기 마련이니, 뉴턴의 실패를 답습하지 않도록 분위기에 휩쓸리지 말아야 하겠습니다.

환율에 베팅해도 괜찮을까요

케인스는 경제학계에 새긴 눈부신 족적만큼 투자에서도 크게 성공한 것으로 알려져 있습니다. 하지만 처음부터 성공적이지는 않았습니다. 뼈아픈 좌절이 있었는데, 처음에 손을 댄 외환 거래에서였습니다.

당시 그는 프랑스를 위시한 1차 세계대전의 승전국들이 패전국인 독일을 향해 막대한 배상금을 부과하는 과정에서 파리평화회담에 영국 대표단의 일원으로 참여했습니다. 그리고 존 메이너드 케인스라는 이름이 국제적으로 유명세를 떨치기 시작했습니

다. 케인스는 독일이 도저히 감당할 수 없는 막대한 배상금은 결국 후환이 될 수 있다고 경고했는데, 독일 경제를 초토화하는 평화조약(베르사유조약) 논의 방향을 바로잡는 것이 불가능하다고 판단되자, 모든 자리에서 물러나 당시 상황을 비판하는 책을 저술했습니다. 1919년 저서 『평화의 경제적 결과』입니다.

승전국의 일원인 프랑스가 1차 세계대전에서 막대한 피해를 입긴 했지만, 그는 프랑스의 강경한 입장에 비판적이었습니다. 『평화의 경제적 결과』에서 "서유럽의 민주주의 국가들이 교묘하게 중부 유럽(독일을 지칭, 저자의 주석)을 빈곤하게 만드는 것을 목표로 잡는다면, 감히 예견하건대, 머지 않아 복수전이 펼쳐질 것"이라고 경고했습니다. 그로부터 50년 전 프로이센(독일 제국의 전신) 프랑스 전쟁에서 패했던 프랑스가 알사스-로렌(프랑스어로 Alsace-Lorraine) 지방을 잃고 배상금까지 떠안았던 굴욕에 대한 앙갚음으로, 독일 경제를 아예 무너뜨리려 한다는 것이 케인스의 주장이었습니다. 그의 경고는 결국 나중에 2차 세계대전으로 현실이 되고야 말았습니다.

그런데 케인스는 자신이 경고한 취지를 그대로 투자에 연결했습니다. 독일 마르크화를 매도한 것입니다. 당시 독일 제국은 1차 세계대전이 발발하자 전쟁비용 조달을 위해 금본위제도를 포기하고 채권 발행을 남발하면서 일찌감치 인플레이션이 시작되었습니다. 그리고 패전 후에는 막대한 전쟁 배상금이 결국 그 유명한 초인플레이션을 초래하여 1923년 마르크화가 완전히 붕괴되었습니다. 케인스의 판단이 옳았던 것입니다. 하지만, 케인스는 웃지 못했습니다.

독일을 구하지 못해서요? 아닙니다. 돈을 빌려 투자한 것이 독이 되었습니다. 그 이전에 1920년 중 3개월간 마르크화가 반짝 반등한 시기가 있었는데, 이때 이미 그의 자산이 거덜났습니다.

돈을 빌려 투자하는 것을 레버리지 투자라 부르는데 레버리지 투자는 수익이 생기면 이익률이 커지지만, 손실이 생기면 원본을 쉽게 날리고 강제로 반대매매를 당하거나 추가 증거금 납부를 요구 받습니다. 주식 신용거래나 마찬가지입니다. 신용거래를 한 뒤 주가가 하락해서 손실이 생기면 하락폭에 따라 강제로 반대매매가 이루어져 만회가 불가능해지는 경우가 부지기수입니다. 2배 레버리지 상품이면 단지 위험도 2배겠거니 생각하면 안 됩니다. 위험은 그 이상입니다. 2배 레버리지 상품은 기초자산의 가격이 절대로 반토막 나지 않는다에 더블로 베팅한 것이나 마찬가지입니다.

그 뿐 아니라 통화가치는 장기적 추세가 형성되더라도 단기적으로는 예측 불가능한 변칙적 움직임을 보이는 경우가 많습니다. 레버리지 투자한 많은 사람이 실패로 귀결 되듯 케인스 역시 레버리지의 제물이 된 것입니다.

🪙 케인스 사례에서 교훈을 얻어요

케인스의 투자에서 무슨 교훈을 얻으셨나요? 부동산 갭투자는 논외로 하고, 주식투자자들은 부채를 끌어다 주식에 투자하는 것은 위험하다는 인식을 재확인할 수 있습니다. 레버리지 투자, 신용거래는 단지 가격 하락 위험만 부담하는 것이 아니라, 내 의지와 무관하게 강제 매매를 통해 손실이 확정되어 만회가 불가능해질 위험까지 부담해야 합니다. 대박이 가능한 만큼 위험도 큰 셈입니다.

또 하나 시사점이 있다면 환율 방향성에 대한 투자를 쉽게 봐서는 안 된다는 것입니다. 모든 것이 뚜렷해 보이는 상황일지라도 확신을 가지고 투자하는 것은 경계해야 합니다. 외환시장이 어디로 튈지 장담할 수 없습니다. 상승이든 하락이든 한쪽 방향으로 강한 방향성이 형성되더라도 단기적으로 반대 방향으로 튀거나 아예 방향성 자체를 되돌릴 수도 있습니다.

케인스는 저 마르크화 하락에 베팅해서 실패한 뒤 유명한 말을 남겼습니다.

"The market can stay irrational longer than you can stay solvent."

투자자가 정확히 시장을 예측했다 하더라도, 단기적으로는 시장이 비합리적으로 움직이면서 레버리지 투자자가 버틸 수 있는 한계를 넘을 수 있다.

통화가치는 개별 기업 주식과 달리 본질적으로 내재가치를 추정할 수 없습니다. 엮인 거래도 너무나 많습니다. 개별 기업이 처한 환경이 2차원이라면 외환시장은 4차원이랄까요. 전세계의 주식과 채권, 원자재, 부동산을 향하는 자금이 국경을 넘어 거래되면 모두 외환거래를 거쳐야 합니다. 서로 다른 수요와 목적을 지닌 자본이 서로 다른 길을 향하며 교차합니다. 시장참가자들의 심리가 개입되고 각국 정책 당국의 의도, 국제적 역학 관계도 지대한 영향을 미칩니다.

더군다나 환율은 주가와 같은 절대 가격이 아니라 통화가치의 상대 가격입니다. 환율을 예측하는 것은 자유지만, 그것을 실제 거래로 연결하기에는 변수가 너무 많습니다. 환율에 투자해서 얻을 수 있는 이익도 크지 않습니다. 위험 대비 기대 수익의 측면에서 환율 방향성 베팅이 과연 매력적일까요? 한두 차례 환율 방향성에 베팅해서 이익을 얻었다면 단지 운이 좋았을 뿐이지 결코 스스로 비상한 능력을 가지고 있어서가 아닙니다. 비상한 능력을 가졌고, 마르크화에 영향을 준 국제 정세까지 정확히 꿰뚫어 보았던 케인스까지 굴복시킨 것이 통화가치에 대한 베팅입니다.

필자는 업무상 여기저기서 문의를 받으면 나름의 환율 전망을 말하지만, 환율은 예측의 영역이 아니라 대응의 영역이라고 생각합니다. 타이밍과 방향성에 베팅하여 불필요한 위험을 감수하지 말고, 환율 변동의 특성을 이해한 뒤 나의 자산을 어떻게 구성하여 수익과 안정성을 높일 수 있는지 판단할 수 있는 정도면 충분하다는 생각입니다.

환율이 변할 때
직면하는 의사결정들

달러화가 하락하면 달러 보유자가 지금이라도 팔아야 할지 고민하고, 달러화가 상승하면
달러화가 아쉬운 사람은 지금이라도 사야 할지 고민합니다. 어떻게 대처해야 할까요.

환율 하락폭이 커지면 달러화를 보유한 투자자나 기업은 지금이
라도 팔 것인지, 아니면 최대한 버틸 것인지를 두고 선택해야 되는
상황에 놓입니다. 과거 경제 주체들의 대응은 어땠을까요?

2017년에도 그랬듯이 달러 보유자는 환율이 하락할 때 최대한
버티게 됩니다. 버티는 것이 전략이라기 보다는 결단을 내리기 힘
들기 때문에 결과적으로 버티게 되는 것이지요.

고심 끝에 달러화를 매도하는 결단을 내리고 팔았는데, 갑자기
환율이 상승해 버린다면? 생각하기도 싫은 상황입니다. 2017년
말을 전후로 거주자 외화예금이 당시로서는 사상 최고치를 경신
했는데, 이는 당시 달러화 보유자들 근심의 높이를 대변하는 것입

니다. 2020년 하반기 이후 상황도 마찬가지입니다. 2017년 당시 달러화 보유자들은 인고의 시간을 보내야 했으나, 머지 않아 찾아온 2018년과 2019년의 환율 상승을 틈타 달러화 매도 욕구를 해소할 수 있었습니다.

🪙 달러화가 하락했는데, 지금이라도 팔까요

2018년, 2019년은 달러화가 전세계적으로 상승하는 3차 달러 강세기에 해당했습니다. 그러니, 환율이 하락하면 오래지 않아 다시 환율이 반등하는 국면이 따라왔습니다. 하지만 앞으로도 그럴까요. 달러화가 하락한 뒤 머지 않아 달러화의 반등을 보게될 지, 아니면 상당히 오랜 기간을 기다려야 할지는 알 수 없습니다. 직전 달러 약세기인 2002년과 같은 상황이 언젠가 다시 펼쳐질 가능성도 배제할 수 없습니다.

자각하지 못하는 사이, 우리의 인식은 달러 강세기에 익숙해졌습니다. 달러화가 하락한 뒤에는 머지 않아 더 크게 반등하는 패턴이 상당 기간 반복되었기 때문입니다.

2014년 9월 달러·원 환율 상승이 본격화된 이후에는 2020년 여름까지 6년 동안이나 이러한 현상이 반복되었습니다. 달러화 강세기에 익숙해지다 보니, 2020년 중 환율이 1,200원을 넘은 상황

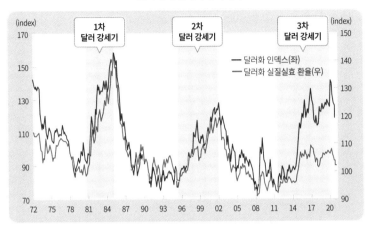

▼ 달러화의 강세기와 약세기

주: 3차 달러 강세기에는 달러화 인덱스와 달러화 실질실효환율 간에 격차가 꽤 커 보입니다. 두 변수 모두 달러화의 가치를 나타내는데, 달러화 인덱스와 실질실효환율은 비교 대상이 다릅니다. 달러화 인덱스는 6개의 선진국 통화*에 대한 달러화의 상대적인 가치이므로 비교 대상이 제한적입니다. 게다가 6개 통화 중에서도 유로화의 비중이 50%를 넘어 유로화와 달러화간 환율, 즉 유로·달러 환율과 대체로 유사한 움직임을 보입니다.

반면, 달러화 실질실효환율은 미국과 무역거래가 있는 무역 상대국 통화를 모두 포함합니다. 중국 위안화와 한국의 원화는 물론, 호주 달러화, 멕시코 페소화, 브라질 헤알화 등 원자재 통화도 포함됩니다. 달러화 인덱스와 격차가 벌어진 기간에는 원유 등 원자재 가격의 하락으로 원자재 통화가치가 대폭 하락한 영향이 컸습니다. 상대적으로 달러화가 상승한 폭이 달러화 인덱스보다 컸던 배경입니다.

자료: Refinitiv

에서도 환차익을 노리고 달러화를 사들인 투자자들이 있었습니다. 3차 달러 강세기에 달러화의 하락이 가장 오래 유지되었던 시기는

★ 유로화, 일본 엔화, 영국 파운드화, 캐나다 달러화, 스웨덴 크로네, 스위스 프랑

2017년 1월부터 13개월간으로 150원 가량 하락했습니다. 13개월은 길다면 길게 느낄 수 있는 기간이지만, 달러화 약세기였다면 이 정도 기간의 하락세는 그리 길지 않은 기간입니다.

2014년 11월 이래 달러·원 환율은 1,050원 아래로 내려간 사

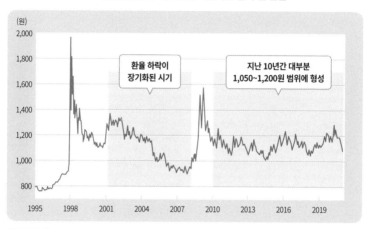

▼ 지난 10년간의 박스권을 시험하는 달러·원 환율

(원)

환율 하락이
장기화된 시기

지난 10년간 대부분
1,050~1,200원 범위에 형성

자료: Refinitiv

례가 없었고 2010년 이래 대부분 기간을 1,050원에서 1,200원 범위의 박스권에 머물며 등락하다 보니, 박스권 하단에서 매수한 뒤 오르면 매도하는 전략이 통했습니다. 이러한 방식의 달러화 저가 매수는 길어야 1년 이내에 이익을 취할 수 있었던 이기는 전략이었습니다. 하지만, 직전 달러화 약세기였던 2002년부터 상황을 보면 2007년 말까지 환율 하락이 장기화되었음을 알 수 있습니다.

달러화가 하락할 때 지금이라도 팔아야 할까요? 여기에 대한 대답은 처한 입장에 따라 다릅니다. 미국 주식에 투자한 투자자라면 2가지를 고려해야 합니다. 첫 번째는 환율 변동분은 주가 자체의 변동에 비해 미미하다는 것입니다.

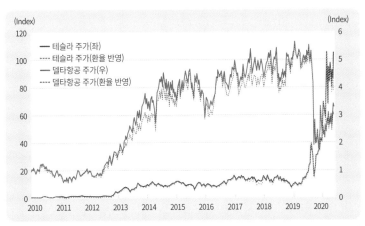

▼ 환율 변동은 원화로 환산한 해외 주식 성과에 미치는 영향이 미미

(Index)
120
100
80
60
40
20
0

(Index)
6
5
4
3
2
1
0

── 테슬라 주가(좌)
···· 테슬라 주가(환율 반영)
── 델타항공 주가(우)
···· 델타항공 주가(환율 반영)

2010 2011 2012 2013 2014 2015 2016 2017 2018 2019 2020

주: 테슬라 상장일(2010년 6월 29일, 당일 달러·원 환율은 1,217.2원)의 주가를 1로 하여 산출. Index가 100이면
주가가 100배 상승했음을 의미합니다.
자료: Refinitiv

위 테슬라와 델타 항공 주가 자체의 그래프와 환율 변동까지 반영한 그래프를 비교하면 환율 변동 그래프와의 차이를 눈으로 식별하기 어려울 정도입니다. 짧은 기간에 소소한 이익을 기대하고, 속된 말로 방망이 짧게 잡고 투자하는 경우가 아니라면 신경 쓸 필요가 없는 수준입니다.

미국 주식투자자가 고려할 두 번째는 고민해 볼 필요가 있습니다. Part 2에서 설명해 드린 내용인데, 바로 달러화 약세기에는 미국 주식보다 다른 국가 주식이 상대적으로 우수한 성과를 보이고 미국 주식의 성과는 뒤처지는 경향이 있다는 것입니다.

그렇다면 달러화 약세기에는 미국 주식을 팔라는 얘기인가요? 아닙니다. 어디까지나 국가별 주식시장 전체의 평균적 성과라서 개별 주식이 그러한 경향을 따른다는 보장이 없습니다. 따라서 미국 주식을 적극적으로 팔아야 한다고 말씀드리기는 어렵습니다.

그러나 개별 주식이 아니라 유럽 지수(예: ETF로 상장된 TIGER유로스탁스50(합성H), TIGER유로스탁스배당30)나 중국 지수(KODEX 중국본토CSI300, KBSTAR 중국MSCI China선물(H)), 일본 지수(KODEX 일본TOPIX100, TIGER 일본니케이225)와 같이 미국이 아닌 다른 국가 주식시장 지수에 투자하는 것은 좋은 대안이 될 수 있습니다. 미국 주가지수에 비해서는 달러화 약세기에 더 나은 성과를 기대할 수 있으니까요.

그러나 만약 글로벌 주식시장에 거품이 끼었다고 판단되면 얘기가 달라집니다. 주식이 아닌 다른 자산을 찾아야 합니다. 달러화 약세는 미국채(ETF)에 투자하기 좋은 상황이기도 합니다. 미국채(ETF) 가격이 저렴한 수준에 도달했을 테니까요. 따라서 주가 수준이 위험해 보이면 미국 이외의 다른 국가 주식시장에 눈을 돌리기보다 미국채 매입을 적극 고려할 필요가 있습니다.

다만, 보통 경각심을 일깨우는 언론 보도가 투자자들의 눈길을 끄는 경향이 있습니다. 그런 보도가 더 합리적인 듯 들리기 때문입니다. 그럴 때마다 팔아야 하나 움찔합니다.

그런 경고성 기사는 끊이질 않습니다. 그때 생긴 불안감에 팔고는 오른 가격에 다시 사는 경우도 많습니다. 그래서, 우리는 실제 기울여야 할 경계심보다 지나치게 자주, 그리고 많이 금융시장을 부정적으로 보기 쉽

★ 사람들은 부정적인 정보가 나타나면 다른 긍정적인 정보보다 부정적인 것에 더 비중을 두고 인상을 평가합니다. 즉, 모든 것이 동일하다면 부정적인 특성들이 긍정적인 특성들보다 인상 형성에 더 많은 영향을 주는 현상을 부정성 효과라 합니다. 사소한 부정적 자극 하나에 위협감을 느껴 생리적, 심리적으로 각성되면 부정적인 정보에 끌려 더 부정적인 정보만 받아들이는 악순환에 빠지기 쉽습니다.

습니다. 심리학 용어로 부정성 효과(Negativity Effect)★라 합니다. 팔아버린 것을 후회하며 뒤늦게 다시 사는 일을 반복하지 않으려면 심리적 거리를 유지해야 합니다. 시장 하락에 베팅하는 인버스 (inverse) 상품에 투자해서는 안 되는 이유도 부정성 효과에서 찾을 수 있습니다. 한마디로, 우리는 부정적인 뉴스에 호도되기 쉽습니다. 이러한 소음에 흔들려 잘못된 결정을 내릴 가능성을 줄이려면 결국 자산 배분에 초점을 맞춰야 합니다.

미국 주식 보유자가 미국 주식을 팔아야 할 이유가 없다면, 미국 주식을 그대로 두고 다른 국가의 주식을 추가로 매입할 수 있습니다. 아니면 보유하던 미국 주식이 충분히 가격이 상승해서 매도 욕구를 가지고 있었다면 달러화 약세에 대한 판단이 매도 결정의 근거가 될 수도 있겠네요. 반면, 장기 투자자라서 평생 들고 가고 싶은 주식을 가진 경우라면 달러화 변동을 가뿐하게 무시하는

방법도 있습니다.

그런데, 중국 텐센트(Tencent)나 알리바바(Alibaba) 같이 홍콩 주식시장에 상장된 주식에 투자할 때는 어떨까요? 홍콩 주식시장에 상장된 주식은 홍콩 달러화(HKD)로 거래되고, 홍콩 달러화는 사실상 미국 달러화에 고정되어 있기 때문에(1$ 당 7.75~7.85 HKD에 거래) 미국 달러화로 투자했다고 생각하면 됩니다. 이런 경우에도 첫 번째 고려사항이었던 환율 변동을 무시하고 주가 자체에만 관심을 가지면 되겠습니다. 그리고 달러화 약세 자체는 홍콩에 상장된 중국 주식들에 상대적으로 긍정적인 시그널이라는 정도만 의식하면 됩니다.

미국 주식을 보유한 것이 아니라 달러화 자체를 보유한 경우에는 달러화가 하락할 때 지금이라도 팔아야 할까요?

윌리엄 번스타인은 『현명한 자산배분 투자자』에서 '자산 가격이 하락할 때 올바른 대응은 조금 더 사는 것이고, 가격이 상승할 때 올바른 대응은 조금 팔아서 더 가볍게 하는 것'이라며 자산 리밸런싱★의 중요성을 조언합니다. 만약 환율이 장기적으로 하락한다면 그 과정에서 리밸런싱이 돈 낭비로 보이겠지만, 결국 그 인내심은 나중에 보상받기 마련입니다. 보험용 자산인 달러화를 '지금 이때다' 하고 한 방에 매수하는 방식을 지양하는 대신, 조금씩 적립한다면 결국 시간이

★ 리밸런싱: 운용하는 자산의 비중을 조절하는 일.

보상해줄 때가 올 것입니다. 그리고 이왕이면 달러화 현찰보다는 주식이나 금리가 붙는 채권과 같은 자산의 형태가 좋겠지요.

환율 하락이 깊어지고 장기화될수록 환율 하락에 대한 믿음도 견고해지겠지만, 한 방향 움직임이 깊어지면 깊어질수록 또 다른 문제점을 잉태합니다. 2002년 이후의 달러 약세기에 위험을 과소평가한 투자의 쏠림 현상이 결국 글로벌 금융위기의 싹을 틔운 것처럼 말이지요. 달러화 환율이 급등하면서 신용 여건이 급속히 경색되고 금융시장이 요동을 치는 상황이 아니라면, 달러화 환율 변동에 일희일비할 필요 없습니다.

다시 말해 수출 기업이 아닌 개인 투자자가 달러화 환율이 하락한다고 해서, 가지고 있는 달러화 자산을 파는 것은 바람직하지 않습니다. 달러화 비중이 지나치게 많은 상황이 아니라면 자산의 일부로 보유하며 환율 변동을 외면하면 되고, 달러화 자산이 없는 투자자라면 달러화 약세기를 이용하여 달러화 자산을 축적할 필요가 있습니다.

『현명한 자산배분 투자자』는 자산을 증식하려는 현대의 투자자들에게 주옥 같은 책입니다. 핵심 메시지 일부를 소개하면 이렇습니다.

—— 기대 수익이 높을수록 위험도 증가한다. 하지만, 가장

안전한 국채만 투자하거나, 그 반대인 주식에만 투자하는 양극단의 전략보다 그 둘을 일부라도 섞으면 위험은 줄고 수익이 증가하는 구간이 생긴다. 또, 위험이 크게 감소하는데 수익은 조금만 감소하는 구간도 있다.

—— 일반적인 투자자는 정적 자산 배분에 집중하는 것이 최선이다. 즉, 일정한 자산 배분 비중을 정한 뒤 주기적(1~2년)으로 비중을 조절하는 것이다. 성과에 따라 비중이 변했으므로 목표 비중으로 돌아가는 작업을 해 주는 작업이다. 그럼으로써, 많이 오른 자산군은 일부 팔아서 가볍게 하고 내린 자산군은 더 사게 된다. 결과적으로 저가에 매수하고, 고가에 매도하는 셈이다.

—— 또, 일정 기간 동안 일정한 금액을 지속적으로 투자하는 방법(정액 분할 매입법)보다 자산 가액에 따라 투자 비율을 달리 하는 방법(가치 분할 매입법)이 더 좋다. 예를 들어, 매달 자산 가액이 100만 원씩 증가하도록 가치분할 매입법을 적용하면, 자산이 상승할 때 추가 매입 금액을 줄이게 되고 자산이 하락할 때 추가 매입 금액을 늘리게 되어 가격이 고점일 때보다 저점에서 더 많은 금액을 투자하게 된다.

—— 최적의 자산 배분은 존재하지 않는다. 하지만, 주식과 채권의 비율에 있어서는 그레이엄이 『현명한 투자자』에서 제시했듯, 공격적인 투자자라도 채권을 25% 보유해야 한다.

_『현명한 자산배분 투자자』 본문 중 (윌리엄 번스타인 저, 김성일 역, 에이지21)

달러화가 상승했는데, 지금이라도 살까요

달러화가 상승할 때 지금이라도 사야 하느냐는 질문이 들어오는 경우는 달러화가 빠르게 상승하는 상황이 대부분이었습니다. 달러화 하락기에는 환율이 반등하더라도, 지금이라도 사야 하냐고 묻는 질문은 거의 들리지 않습니다.

달러화가 상승하는 상황에서 지금이라도 사야 하냐고 질문을 하게 될 때는 이미 언론이나 주변에서 관련 소식을 몇 번 접한 뒤일 가능성이 높습니다. 이 상황은 언론이나 주변에서 하는 얘기가 불안감을 자극하는 경우가 많습니다. 이미 그때는 달러화를 사기에 한 템포 늦은 시기입니다. 그래도 살 것인가의 상황이 된 것입니다.

이때 투자자들의 대응은 최저점 대비 상승한 폭을 확인한 뒤 그 상승폭이 크게 느껴져서 매수하지 못하거나, 아니면 달러화의 대폭 상승을 노리고 사는 경우가 많습니다. 전자의 경우는 결단을 못

내리고 미루다 한참 높은 레벨에 도달해서야 사게 될 위험이 있고, 후자는 그간 관찰해 본 결과 달러화를 움직이는 대외 여건을 면밀히 파악하지 못한 채 국내 경제만을 비관적으로 보고 판단한 투자자가 많았습니다. 후자의 경우는 대외 여건까지 살피고 조금 더 냉정하게 경제를 바라봐야 합니다.

최선의 상황은 뭘까요? 이런 질문을 하기 전에, 즉 언론이나 주변에서 불안감을 자극하는 얘기를 듣기 전에 이미 달러화 자산을 보유하고 있는 것입니다. 만약 그렇지 못했다면? 늦은 것이 아닌가 싶어도 달러화 자산을 조금이라도 사는 것이 좋습니다.

그리고 또 명심해야 할 것이 있습니다. 이때 달러화 자산을 사셨으면, 달러화가 나중에 하락하기 전에 고점에서 팔아야겠다는 생각을 하지 않는 것이 좋습니다. 달러화 자산을 매입한 뒤 평가손실이 생기더라도 쉽게 손절하지 말고 계속 들고 간다는 생각을 가져야 합니다. 나의 자산 포트폴리오를 보호해주는 달러화 자산은 계속 가지고 있는 것이 바람직합니다.

달러화는 다른 어떤 자산보다도 먼저 부정적인 뉴스를 반영하기에 달러화를 사야겠다는 생각이 드는 시점은 적어도 한 발 늦은 때입니다. 현대 자본주의 사회를 살면서 주식으로 자산을 굴리는 실력 있는 투자자들 중에 달러화 자산이 없는 경우는 찾기 힘들 겁니다. 한국 주식을 샀으면 기본적으로 달러화 자산도 같이 사는 것이 정석입니다.

그래도 달러화 자산을 사야 할지 아직 고민 중이신가요. 10년이 지나, 달러화 자산을 보유하지 않은 상황이라면 후회하지 않을 자신이 있는지로 판단해보면 어떨까요?

✨ 보이는 대로 믿나요, 믿는 대로 보나요(자가 진단)

'보는 것이 믿는 것이다(Seeing is believing)'라는 진부한 속담이 있지만, 현실은 그 반대입니다. 우리가 가진 믿음이 우리가 무엇을 볼지 결정합니다. 사람들은 자신의 믿음을 지지하는 정보를 선택적으로 받아들이는 대신, 믿음과 상충되는 정보를 무시한다고 『믿음의 탄생』에서 마이클 셔머(Michael Shermer)는 역설합니다. 우리 사회에서도 종교적 믿음과 정치적 믿음이 이성적 사고를 무력화시키며 오히려 견고해지는 것을 우리는 목격하고 있습니다. 집단 이기주의에 빠지면 실제 팩트를 접할 때 취사선택을 하는 경우가 많습니다. 믿고 싶은 것만 믿는 것입니다.

이러한 현상은 인류가 만들어낸 상상의 산물인 금융시장에서도 여실히 드러납니다. 금융시장에서 확인되는 객관적 사실보다 본인의 직감과 믿음을 뒷받침하는 주장에만 귀 기울이며 대담하게 자신만의 관점을 형성하는 투자자들도 있습니다. 개인투자자들이 이러한 함정에 빠지기 쉬운데, 넘쳐 흐르는 정보는 투자자들을 잘 안다는 착각에 빠지게 만드는 동시에 예측 능력을 오히려 떨어뜨리기도 합니다. 인터넷의 발달로 과거에 비해 개인들의 금융시장 정보에 대한 접근성이 크게 향상되었지만, 투자 성과도 그만큼 향상되었다는 증거는 없습니다.

개인의 종교적 믿음과 정치적 믿음의 대가는 정신적 보상을 높이는 반면, 만약 그 믿음이 그릇된 것이라 하더라도 경제적인 손실로 직결되지는 않지요. 그러나, 금융시장에 참가한 개인이 객관적 정보를 무시하고 자신의 믿음을 강화시키는 정보와 주장만을 받아들여 의사 결정에까지 이를 경우에는 경제적 손실을 감수할 위험이 커집니다.

부정적인 경제 환경에서 달러화는 상승한다는 스스로의 믿음이 틀릴 위험은 없는지 냉정하게 체크해 봐야 합니다. 부정적인 경제 환경에서 가치의 안정성과 높은 유동성을 자랑하는 최고의 기축통화 달러화 가치가 경험적으로 상승하는 것은 현재에도 유효합니다.

문제는 개인의 인식 속에 '부정적인 경제 환경'이 강하게 뿌리내리면, 상황의 변화를 적시에 포착하지 못하는 경우가 많다는 것입니다. 투자자 개인이 인식하는 부정적인 경제 현실이 이미 금융시장 가격에 반영된 뒤 전망이 개선되고 있는 것은 아닌지, 또 의

사결정에 이성이 아니라 감정적인 요소가 개입되는 등 비합리적 요소는 없는지 확인해야 합니다. 앞서 언급한 부정성 효과에 빠진 상황일 수도 있습니다.

특히, 한국 경제에 대한 비관적 인식이 달러화가 상승한다는 믿음으로 이어지는 경우를 자주 목격하게 되는데, 세계 경제의 상황을 간과한 채 한국 경제에만 비관적 인식을 가진 경우가 많았습니다.

한국 경제에서 보이는 다수의 문제들이 세계적인 현상임에도 이를 간과한 경우가 많았고, 이것이 필요 이상으로 경제에 대한 부정적 인식을 강화해서 상황을 오판하는 배경이 되기도 하니 유념해야 합니다.

신흥국에도 투자할까요

우리는 저성장에 허덕이는 선진국보다 높은 수익의 기회로 유혹하는 신흥국 투자를 고려하기도 합니다. 신흥국 투자를 고려할 때 환율 측면에서는 어떤 점에 유념해야 할까요.

선진국을 무섭게 추격할 것처럼 보이던 신흥국들에 대한 기대치가 너무 높았던 것일까요? 중국을 제외하면 한때 장밋빛 전망으로 가득했던 신흥국들의 성장세가 과거의 기대에 못 미칩니다. 2000년 대 중반을 풍미했던 브릭스★는 옛말이 되었고 자본을 끌어들이던 신흥국의 높은 금리 매력도 이제는 예전만 못합니다.

코로나19 이후는 어떨까요? 코로나19가 재촉한 사회·경제적인 변화는 외환시장에 어떠한 여파를 미칠까요? 코로나19는 이미 진행되고 있던 디지털 사회로의 전환을 가속화하면서 우리 사회

★ 브릭스(BRICS). 브라질, 러시아, 인도, 중국, 남아프리카공화국을 지칭. 2000년 대 중반 투자시장에서 각광받은 신흥국들로 넓은 영토와 풍부한 자원, 많은 인구, 선진국 자본의 대거 유입으로 기대가 높았습니다.

내에 세대간 격차를 만들어냈고, 더불어 디지털 소외 계층이 부각되었습니다. 그런데, 이렇게 기술이 진화하는 트렌드는 한편으로 기술 부국과 빈국간 격차가 다시 벌어지는 계기로도 작용하고 있습니다.

　세계 경제의 후발 주자인 신흥국들은 세계화 시대에 저렴한 임금과 지대(地代)를 지렛대로 삼아 외국인 자본을 유치하고, 산업의 발전과 양질의 일자리 증가 수혜를 누려 왔습니다. 그런데 이러한 신흥국 모델도 이제 한계에 직면한 듯합니다. 디지털 전환은 가속화되었고 선진국이 먼저 확보한 기술 장벽을 높이고 외부 위험에 내성을 키우기 위해 공급망에서 핵심적 단계를 내재화하면서, 기술을 선점한 선진국과 후발 신흥국간 격차가 다시 확대될 처지에 놓였기 때문입니다.

🏔 신흥국이 선진국을 추격하기가 더 어려워졌어요

그나마 가장 각광받는 베트남도 아직까지는 세계 시장의 높은 벽을 실감하고 있습니다. 가령, 베트남의 수출에서 외국인투자기업이 차지하는 비중은 10년 전만 해도 토종 기업들과 대등한 수준이었지만 최근 5년간에는 2배에 달할 정도로 격차가 벌어졌습니다. 외국인투자기업과 토종기업 간의 연계가 미약해서 토종기업의 경쟁력 상승으로 연결되지 못한 것이지요.

그러나, 이러한 사실이 신흥국 통화 가치가 계속 하락한다는 것을 의미하지는 않습니다. 신흥국 경제의 여건 못지 않게 달러화 유동성을 좌우하는 미국 연준의 스탠스가 중요합니다. 연준의 통화정책이 지극히 완화적이어서 달러화 약세 환경을 유지하면 신흥국 통화가 반사적으로 강세를 보일 수 있습니다. 또, 코로나19를 떨쳐 내고 경기사이클상 세계 경제의 선순환이 시작되면, 신흥국 자산의 저가 매력이 더해져 자본 유입과 함께 신흥국 통화의 가치가 한동안 강세를 보이는 것도 가능합니다.

사실 브릭스라는 단어가 전세계 투자업계를 수 놓았던 2000년대 중반만 해도 신흥국은 금세 선진국 반열에 오를 것처럼 장밋빛으로 보였습니다. 하지만 중국만이 당시의 기대를 충족시키고 있고 다른 나라들은 풍부한 자원과 인구를 제대로 활용하지 못하고 있습니다. 비효율적인 행정과 규제 환경이 발목을 잡기도 하고, 기술력 확보가 쉽지 않기 때문에 한 단계 올라서는 것이 버겁습니다. 폴 로머(Paul Romer) 뉴욕대 교수는 기술 혁신이 성장을 촉진한다는 '내생적 성장 이론'을 주창했는데, 그에 따르면 기술격차는 좁혀지기보다는 더욱 벌어지는 것이 자연스러운 방향입니다.

신흥국 범주에서 아시아는 다르게 봐야 해요

신흥국을 뜯어보면 그 안에서도 차별화가 진행되고 있습니다. 글로벌 공급망이 재편되는 와중에 미국이 중국산 제품에 관세를 부과하면서, 기업들의 탈(脫) 중국 행렬이 주로 베트남 등 아시아 주변국을 향하다 보니 그나마 아시아 지역은 선방하는 편입니다. 트럼프 대통령의 유산이죠. 바이든 대통령이 그 정책을 온전히 되돌리지는 않을 것으로 보입니다.

중국 성장의 수혜도 주로 아시아에 집중되면서, 유럽 의존도가 높은 동유럽 신흥국과 원자재 의존도가 높은 남미 신흥국들에 비해서는 형편이 낫습니다. 중국이 주도한 세계 최대의 FTA★인 RCEP★★ 등 아시아 지역은 무역에도 상대적으로 더 열려 있습니다.

아시아 신흥국이라면 인도를 빼놓을 수 없습니다. 2020년 명목 GDP 기준으로 인도의 경제규모는 독일 다음으로 세계 5위이며

★ FTA: Free trade agreement. 자유무역협정. 국가 간 상품의 자유로운 이동을 위해 모든 무역 장벽을 완화하거나 제거하는 협정입니다.

★★ RCEP: Regional Comprehensive Economic Partnership. 역내포괄적경제동반자협정. 동남아시아국가연합(ASEAN) 10개국과 한·중·일 3개국, 호주·뉴질랜드 등 15개국이 참여했습니다.

한국 경제규모의 2배에 육박합니다. 인도는 고질적인 사회의 경직성과 비효율적인 행정 제도, 그리고 금융권 부실 속에 성장률마저 저하된 상황에서 코로나19까지 덮쳐 어려운 시기를 겪었습니다. 자생적으로 꽃핀 IT 기술의 발전도 최근 다소 주춤해졌습니다. 하지만, 우수한 인적 자본이 뒷받침되는 이 IT 강국의 미래를 여전히 기대하게 합니다.

중국의 잠재력은 말할 것도 없습니다. 도시화 진행 정도를 보면 여전히 선진국보다 도시화율이 낮아 중국내 개발 여력이 많이 남아 있고, 미국을 추월하겠다는 원대한 꿈을 지닌 채 사활을 걸고 미국의 견제를 받아내며 전진하고 있습니다.

결론적으로 코로나19 이후의 세계를 볼 때, 미국 등 선진국의 기술력이 신흥국을 멀찌감치 따돌리는 양상이 예상되지만 그래도 아시아는 신흥국 내에서도 다른 관점으로 볼 필요가 있습니다.

결론적으로 신흥국에 투자하더라도 우선적으로 아시아를 고려할 필요가 있습니다. 그리고 신흥국 주식은 대체로 한국에 비해 높은 인플레이션이 유지되면서 한국 원화에 대해서 장기적으로 약세를 보여왔습니다. 장기적인 환율은 양국간의 인플레이션 격차가 클 경우 인플레이션의 영향을 많이 받습니다. 인플레이션은 곧 돈의 가치가 떨어진다는 것이기에, 인플레이션이 더 심한 국가의 통화가치가 더 많이 하락해서 인플레이션이 상대적으로 낮은 국

▼ 아시아와 비(非) 아시아권 신흥국의 확대되는 격차 ①

(Index, 1988년초=100)

— 아시아 신흥국 주가
— 아시아 제외 신흥국 주가

자료: Refinitiv

가의 통화가 강세를 보이는 경향이 있습니다. 따라서, 신흥국에 투자할 때 굳이 환위험에 노출된 상품에 투자할 필요는 없다고 판단하지만, 위안화의 재평가 가능성이 열려 있는 중국은 예외입니다.

위 그래프는 1988년 초의 주가를 기준(100)으로 이후 추이를 보여준 것입니다. 인도, 중국, 한국, 대만 등이 포함된 아시아 신흥국보다 러시아, 브라질, 남아프리카공화국, 폴란드 등 동유럽이 포함된 아시아 제외 신흥국이 1988년에 비하면 상승폭이 더 큽니다.

하지만 다음 장의 〈아시아와 비(非) 아시아권 신흥국의 확대되는 격차②〉 그래프를 보면 글로벌 금융위기 이후 방향이 서로 달라졌습니다. 아시아 신흥국 주가는 고개를 들고 솟구치는 반면, 아

▼ 아시아와 비(非) 아시아권 신흥국의 확대되는 격차 ②

(Index, 1988년초=100)

— 아시아 신흥국 주가(좌)
— 아시아 제외 신흥국 주가(우)

자료: Refinitiv

시아 이외 지역 신흥국들의 주가는 기어가고 있습니다. 제조업, 기술, IT 발전 수준 등 아시아의 우월함이 주식시장에서도 증명되고 있습니다. 통화가치도 주가와 대체로 유사한 흐름을 보이고 있습니다.

한국은 금융시장에서 선진국인가요 신흥국인가요

여전히 신흥국과 선진국의 중간지대에 머물러 있는 한국은 어떨까요? 한국의 위상이 업그레이드되었음에도 불구하고 금융시장에서 한국은 여전히 신흥국으로 간주됩니다. Part 2에서 미리 언급했듯이 글로벌 자본이 가장 많이 추종하고 활용하는 글로벌 증시의 벤치마크 사업자 MSCI(모건스탠리 캐피털 인터내셔널)가 한국을 신흥국으로 분류하는 영향이 큽니다.

미국계 투자자 대다수가 MSCI 기준을 따르는데 한국 주식시장은 미국계 자본의 영향력이 가장 큽니다. 2020년 말 현재 한국 주식을 가장 많이 보유한 국가는 미국으로 비중이 41%를 넘는데, 2위인 영국계 자본의 비중은 8%에 불과합니다. MSCI가 한국을 선진국으로 분류하지 않는 결정적 이유는 한국의 원화가 역외 외환시장에서는 자유롭게 거래되지 않기 때문인데, 현재 여건상 정부가 원화의 국제화를 추진할 계획이나 의도가 희박한 만큼 MSCI가 기준 자체를 완화하지 않는 한 한국은 금융시장에서 상당기간 신흥국으로 취급 받을 가능성이 높습니다. 외부 위기 때마다 외환시장이 취약한 상황에 자주 노출된 경험 때문에, 정부가 원화 국제화를 야심차게 추진하기가 쉽지 않아 보입니다.

외국인들이 2020년 11월의 마지막 거래일에 한국 주식시장에서 일간 기준 사상 최대의 순매도 금액(2.4조 원)을 쏟아낸 것도 MSCI 지수의 정기 비중 변경이 영향을 미쳤는데, 신흥국 범주에 새로 편입되는 국가들이 늘어나면서 한국의 비중이 감소한 결과입니다. 한국의 정책 변화로 MSCI의 선진국 분류 기준을 맞출 가능성은 높지 않아 보이지만, 만약 MSCI가 기준을 완화한다면 한국 주식시장이 선진국에 편입되면서 외국인 자본이 대거 유입되는 일도 가능하지 않을까요. 이 경우 코스피의 빅 점프(Big jump)도 가능할 텐데, 저의 꿈에 불과한 것인지 모르겠습니다.

요약하면 기술 흡수력과 중국의 수혜를 고려할 때, 신흥국 내에서는 아시아 지역이 상대적으로 매력적입니다. 다만, 중국을 제외한 신흥국에 투자할 때는 환위험에 노출된 상품을 굳이 고를 필요가 없어 보입니다. 신흥국의 높은 인플레이션은 장기적으로 원화 대비 신흥국 통화가치가 하락할 가능성이 높다는 것을 의미하기 때문입니다.

외환시장에는
마의 시간대가 있어요

추운 새벽은 고혈압에 마(魔)의 시간대라고 합니다. 가장 위험한 시간입니다.
외환시장에도 마의 시간대가 존재합니다.

이 챕터는 주식시장과 일견 무관해 보일 수 있는 내용입니다. 하지만, 설명 중에 언급하는 호주 달러 대 일본 엔화의 환율(AUD·JPY)은 글로벌 금융시장의 전반적인 투자 심리를 단적으로 보여주는 좋은 지표입니다. 전세계 시장참가자들이 주식 등 위험자산에 긍정적 태도를 보이는지, 방어적 태도를 보이는지를 가장 잘 나타내는 외환시장의 대표적 리스크 바로미터입니다. Google 검색창에 AUDJPY graph라고 입력하면 특정 기간의 움직임을 손쉽게 확인할 수 있습니다. 금융시장의 투자심리를 보여주는 몇 가지 리스크 바로미터가 있지만, AUD·JPY 환율은 시장에서 24시간 내내 수시로 확인할 수 있다는 것이 장점입니다.

추운 새벽은 고혈압에 마(魔)의 시간대라고 합니다. 가장 위험한 시간입니다. 외환시장에도 마의 시간대가 존재합니다.

2019년 1월 3일 이른 아침(AM 6시 30분 남짓), 엔화의 가치가 요동을 쳤습니다. 곧 이어 여기저기서 엔화에 도대체 무슨 일이 생긴 것이냐는 문의가 빗발쳤습니다. 대부분의 사람들이 외환시장을 보지 못한 단 몇 분 동안이지만, 역외의 엔·원 환율(100엔 당)이 40원이나 급등하여 잠시나마 1,067원을 찍었기 때문입니다.

외환시장에서 아시아의 새벽은 요주의 대상(시간)이에요

먼저 이 날의 현상을 이해하려면 외환시장의 특성에 대한 이해가 필요합니다. 외환시장의 허브(hub, 거점)는 지구가 자전(自轉)을 하듯, 매일 아시아에서 유럽을 거쳐 미국 뉴욕으로, 다시 아시아로 거래의 거점이 순환하며 이동합니다. 엔화가 급등한 움직임은 한국시각으로 아침 6시 30분경 시작되었는데 이 무렵(6시~7시)은 하루 중 외환시장에서 거래량(유동성)이 유난히 적은 시간입니다.

뉴욕에서 아시아로 외환시장의 거점이 이동하는 과정에 거래량(유동성)이 급감하는 탓에, 간혹 이례적인 움직임이 나타나기도 합니다. 뉴욕에서는 주요 시장의 폐장으로 거래량이 급감하고, 아시아에서도 거래가 본격적으로 시작되기 직전이기 때문이죠. 당일 엔화의 급등은 이러한 시간적 특징 외에, 일정 로직에 의해 거래를 실행하도록 설계된 알고리즘(Algorithm) 트레이딩까지 작동하면서 움직임이 극대화된 것이었습니다.

또 다른 사례로는 영국 파운드화가 2016년 10월 7일 급락했던 사례가 있습니다. 당시 영국 파운드화 급락이 나타났던 시각도 이 무렵이었는데 당일 하루의 파운드·원(GBP·KRW) 환율 변동폭이 무려 90원(역외 포함 기준, 1,317~1,407원)에 달했습니다. 당시는 영국의 Brexit 투표(2016년 6월 23일)가 있은 후 이미 3개월이 더 지난 시점으로, 그러한 급격한 움직임을 초래할 만한 경제적인 사건이 뚜렷하지 않았습니다. 그 시간대의 거래량 급감과 움직임을 증폭시킨 알고리즘 트레이딩을 거론하지 않고는 달리 설명하기가 마땅치 않았죠. 물론, 거래량의 급감이 초래한 과도한 가격 변동은 시장 유동성이 정상 궤도에 복귀하는 과정에서 상당폭 되돌려지는 경향이 있습니다.

호주 통화 대 엔화의 환율로
글로벌 시장 분위기를 단번에 알 수 있어요

2019년 1월 3일 아침 엔화의 급등은 호주 달러화와 일본 엔화의 직접 거래(AUD·JPY)가 단초였습니다. 즉, 호주 달러(AUD)를 매도하고 엔화(JPY)를 매수하는 거래가 엔화 강세를 촉발한 것이죠. AUD는 JPY와의 직접 거래가 특히 활발한 통화로, 해당 통화쌍(AUD·JPY)의 움직임은 금융시장의 위험선호(risk appetite) 정도를 가장 잘 나타내는 가늠자로 인정됩니다. 외환시장의 가장 대표적인 위험 지표(risk barometer)입니다. 호주 달러화가 엔화 대비 상승하면 주식이나 원자재 등 위험자산 가격이 상승하고, 반대로 호주 달러화가 엔화 대비 하락하면 위험자산 가격이 하락하는 경향이 강한 것입니다.

호주는 캐나다와 공통점이 많습니다. 먼저, 한국 사람들이 자녀 유학을 보낼 때 미국 다음으로 선호하는 영어권 국가입니다. 양국은 최고 신용등급의 선진국이면서 자원부국이고 경제규모(GDP) 역시 대등합니다. 통화도 외환시장에서 거래에 제한이 없습니다(일명, Hard currency). 그런데 특이하게도 외환시장에서 엔화를 상대 통화로 한 거래량은 호주 통화(AUD)가 캐나다 통화(CAD)의 무려 5배에 달합니다(BIS, 2019년 기준. 2013년에는 8배). 왜 그런 걸까요.

중국 고성장의 과실을 향유한 호주 경제는 1991년 경기 침체 이후 2020년 코로나19로 경기 침체에 빠질 때까지 무려 30년 가까이 경기 확장기를 구가하는 동안 선진국 중에서도 특히 높은 금리 매력을 유지했습니다. 때문에 외환투자자들은, 특히 개인들도 외환거래에 적극적인 일본의 투자자들은 전통적으로 호주 통화를 선호합니다.

결국, 일본의 엔화는 역사적으로 낮은 금리로, 호주의 통화는 역사적으로 높은 금리로 인해 통화간 금리차에 따른 수익을 추구하는 외환시장의 전형적 거래 패턴인 캐리 트레이드에서 선호되는 거래입니다. 최근에는 호주가 양적완화까지 도입하면서 금리 매력이 많이 바랬지만, AUD·JPY 거래의 특성상 AUD·JPY에 방향성이 강하게 나타나면 다른 통화쌍의 거래에 파급되는 경우가 많습니다. 2019년 1월 3일 엔화의 급등은 AUD·JPY 거래가 외환시장 전체에 영향을 미쳐, 달러·엔(USD·JPY) 거래에 영향을 미친 동시에 엔·원 환율에까지 영향을 미친 것이었습니다.

그런데 이 날 AUD·JPY는 왜 하락(호주 통화 약세, 엔화 강세)했을까요. 먼저 AUD 하락은 그 전날(1월 2일) 호주달러 대 미국 달러 환율(AUD·USD)이 심리적으로 중요한 레벨인 0.70을 처음 터치한 뒤, 손해를 감수한 손절성 매도가 나왔을 것으로 해석됩니다.

외환시장은 달러화를 중심으로 움직이며, 미국 달러화에 대한 호주 통화의 환율 0.70은 심리적으로 중요한 레벨입니다. 달러·원 환율에 빗대면, 환율 1,200원이 상향 돌파되느냐 지켜지느냐의 문제나 마찬가지입니다. (달러화에 대한) 호주 통화 환율의 표기 방식은 달러·원 환율과 정반대이고, 0.70이라는 레벨은 2016년 1월(달러·원 환율도 2016년 1~2월에 1,200원을 상회한 후, 2019년 여름까지 도달한 바 없음) 이래 당시까지 도달하지 않았던 레벨이었습니다.

2016년 1월 2일 호주 달러화가 하락하며 미국 달러화에 대한 환율(AUD·USD)이 0.70을 터치한 것은 중국 제조업 PMI가 경기 확장·위축을 가르는 기준선인 50을 19개월 만에 하회하며 중국 경제 의존도가 높은 호주 달러화에 약세 압력을 가했기 때문이었습니다. 또, 하루가 지나(문제의 1월 3일 이른 시각에) AUD가 급락한 것은 애플(Apple Inc.)이 미국 1월 2일 장 마감 후 직전 4/4분기의 실적 전망치를 하향 조정하였는데, 그 근거로 중화권을 중심으로 한 경기 둔화가 예상보다 심각함을 근거로 댄 직후였습니다. 중국은 호주에게도 최대의 수출 상대국입니다. 결국 연초에 엔화의 급등을 초래한 것은 이러한 내막이 있었습니다.

정리해서 요약하자면 아시아의 새벽은 외환시장에 마의 시간대입니다. 극적인 움직임이 간혹 일어납니다. 금융시장 전반의 투자심리의 온도를 단적으로 알고 싶다면 외환시장에서 AUD·JPY 환율이 좋은 지표입니다.

한국 주식 보유자와 부동산 보유자는 각각 어떤 자산을 우선 편입하는 것이 좋을까요?

▼ 큰 방향성을 공유하는 강남 아파트 가격 지수와 코스피 지수

자료: Refinitiv

부동산이라 하면 강남 부동산을 떠올리는 사람들이 많으니 강남 부동산과 비교했습니다. 앞서거니 뒤서거니 했지만, 강남 부동산과 한국 주식은 장기적으로 결국 유사한 흐름을 보였습니다. 이후의 수익률 그래프는 26년치 자료입니다. 한국의 위기였던 1997년, 미국발 위기였으나 전세계로 파급된 2008년, 전세계적 위기였던 2020년을 모두 포함했으니 다양한 사례를 포함했다고 볼 수 있습니다.

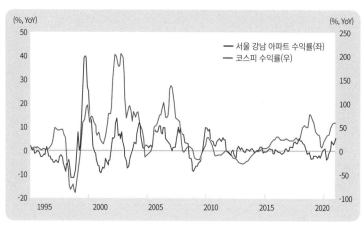

▼ 연간 수익률도 약간의 유사성을 보인 강남 아파트와 코스피

자료: Refinitiv

위 그래프는 강남 아파트와 코스피의 1년 전 대비 수익률을 비교한 것입니다. 두 자산의 상관계수는 1995년 초부터 2020년 말까지 26년간 +0.36이었습니다. 꽤 상관성이 높은 편입니다. 양 옆의 눈금(y축의 크기)을 비교하면 코스피 변동이 훨씬 스펙터클 했음을 알 수 있습니다.

이 케이스는 같은 한국의 자산이지만 자산의 종류가 다른 케이스입니다.

자산 구성 측면에서 **한국 주식 보유자가**
미국 주식 사는 것은 좋은 선택

그렇다면 국가는 다르지만 자산의 종류가 같은 케이스는 어떨까요. 이하의 읽을 거리에 기술한 내용은 이코노미스트인 홍춘욱 저자의 『환율의 미래』에도 소개된 내용입니다. 필자는 이 책에서 분석 대상 기간을 더 넓히고 두 변수간 비교 그래 프를 통하여 조금은 다른 각도로 설명했습니다. 아래 미국과 한국의 주가 그래프 에서 26년 동안의 연간 수익률을 볼 수 있습니다. 미국 주가는 S&P 500 지수이 고 달러·원 환율까지 반영했습니다.

미국과 한국 주식이 대체로 같이 가는 것처럼 보이나요? 아닙니다. 함께 움직인

▼ 미국 주식과 한국 주식의 수익률 추이

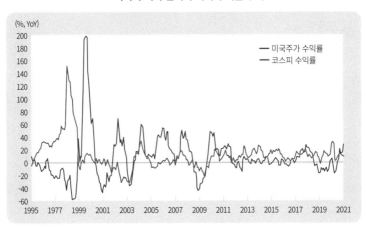

자료: Refinitiv

시기도 없지 않았지만, 같이 움직인 기간보다는 다르게 움직인 기간이 더 두드러져 보입니다. 이 그래프의 두 변수간 상관계수는 -0.22입니다. 상관계수가 마이너스이니, 조금이나마 반대로 움직인 경향이 있었다는 의미입니다. 또 눈에 띄는 특징이라면 미국에 비해 한국의 주가는 오를 때 더 많이 오르고, 내릴 때도 더 많이 내렸다는 걸 알 수 있습니다. 이걸 두고 바로 리스크가 크다고 합니다. 신흥국이 선진국보다 위험하다고 얘기하는 이유이기도 합니다.

상관계수가 마이너스이면 하나의 자산 가격이 하락할 때 다른 자산 가격이 올라서 포트폴리오를 보완하는 효과가 있습니다. 그래프에서도 한국 코스피가 하락할 때 미국 주가가 오르고, 반대로 미국 주가가 하락할 때 코스피가 상승한 경우가 많았네요. 하지만, 두 변수가 2003년 전후나 2008년 글로벌 금융위기 당시처럼 함께 하락한 기간도 있었습니다. 이렇게 같은 방향으로 움직인 기간도 있었기에 마이너스 상관관계가 -1에 가깝기 보다는 0에 가까워졌습니다.

여기서 얻는 교훈은 한국 주식을 들고 있다면 자산에 한국 부동산을 편입하는 것보다 미국 주식을 편입하는 것이 상대적으로 안정적인 성과를 유지할 수 있다는 것입니다. 한국 부동산을 보유한 분들도 마찬가지로 한국 주식보다 미국 주식을 편입하는 것이 상대적으로 안정적인 성과를 얻을 수 있습니다.

자산 구성 측면에서 **한국 주식 보유자**가
미국 국채 사는 것은 더욱 좋은 선택

이제 한국 주식에 미국의 국채를 추가해 보겠습니다.

코스피가 크게 하락할 때마다 미국채 자산가치가 상승하면서 수익률을 굉장히
잘 보완해 주네요. 한국 주식을 보유한 투자자가 미국 국채를 추가하면 상당히 안
정적인 자산 구조를 만들 수 있다는 얘기지요. 1990년 대 후반의 암흑기는 물론,
2002년이나 2008년 코스피 하락 국면에서도 환율 효과가 더해지면서 미국 국채
가격은 크게 상승해 줬습니다. 코스피가 상승할 때는
미국 국채가 하락하기도 하지만, 코스피 상승폭에 비
하면 미국 국채의 하락폭은 훨씬 작으니 괜찮습니다.
위 그래프의 두 변수간 상관계수는 무려 -0.55입니다.

★ Bloomberg Barclays
US Treasury Total Return
Unhedged USD에 달러·원
환율 감안한 것입니다.

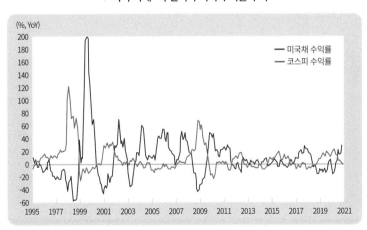

▼ **미국 국채★와 한국 주식의 수익률 추이**

자료: Refinitiv, Bloomberg

자산 구성 측면에서 **한국 부동산** 보유자가
미국 국채 사는 것은 좋은 선택

그럼, 한국 부동산 보유자가 미국 국채를 추가하면 어떨까요.

▼ 미국 국채와 한국 부동산의 수익률 추이

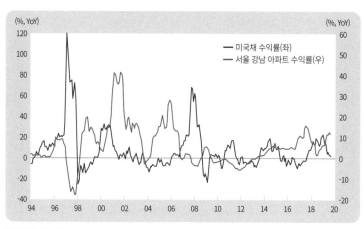

자료: Refinitiv, Bloomberg

강남 아파트 가격이 하락할 때 미국채 자산가치가 상승하면서 수익률을 대체로 잘 보완해 주네요. 강남 아파트 보유자가 미국 국채를 추가하면 상당히 안정적인 자산 구조를 만들 수 있다는 얘기입니다.

1997년 IMF 외환위기나 2008년 글로벌 금융위기 때도 미국 국채 가격은 환율 효과가 더해지면서 대폭 상승해 줬습니다. 강남 아파트 가격이 상승할 때 미국 국채가 하락하기도 하지만, 강남 아파트 상승폭에 비하면 미국 국채의 하락폭은 훨씬 작으니 괜찮습니다. 위 그래프의 두 변수간 상관계수는 -0.29입니다.

그리고, 또 한 가지.
30년 가까운 기간 동안에 한국 부동산 보유자가 미국 국채를 보유한 것보다 미국 주식을 보유했을 때 상관관계의 마이너스 폭이 더 컸다는 것은 미국 국채보다 미국 주식을 보유했을 때 더 안정적인 수익을 누릴 수 있었다는 것입니다. 그런데 그래프에서 보듯, 글로벌 금융위기 때는 미국 주식보다 미국 국채를 들고 있었던 경우가 훨씬 도움이 되었다는 것을 잊지 말아야겠습니다.

참고로 한국 투자자가 미국 국채에 투자하는 손쉬운 방법을 예로 들면, KODEX 미국채 10년 선물, TIGER 미국채 10년 선물 등이 있습니다. KODEX는 삼성자산운용, TIGER는 미래에셋자산운용이 운용하는 ETF 상품 앞에 붙는 명칭입니다.

자산 구성 측면에서 **한국 부동산** 보유자가
미국 주식 사는 것은 더욱 좋은 선택

한국 부동산 보유자가 미국 주식을 추가하는 것은 어떨까요?

강남 아파트와 미국 주식을 같이 보유하는 것은 어때 보이나요? 대체로 수익률이 같은 방향으로 움직이기 보다는 다른 방향으로 움직이는 경향이 있네요. 이 그래프의 두 변수간 상관계수는 -0.38입니다. 아까 한국 주식과 미국 주식을 같이 보유하는 것도 나쁘지 않았는데, 이 경우는 상관관계의 마이너스 폭이 더 크니 조금 더 안정적인 성과를 낼 수 있겠지요.

즉, 상관계수가 마이너스이기 때문에 하나의 자산 가격이 하락할 때 다른 자산 가격이 올라서 포트폴리오를 보완하는 경향이 있음을 아래 그래프에서 확인할 수

▼ 서울 강남 부동산과 미국 주식의 수익률 추이

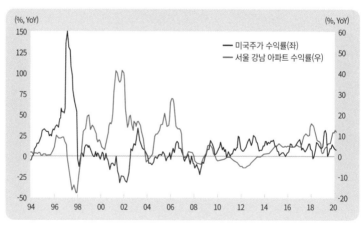

자료: Refinitiv

있습니다. 강남 아파트 가격이 하락할 때 미국 주가가 오르고, 반대로 미국 주가가 하락할 때 강남 아파트 가격이 오른 경우가 많았네요. 다만, 2008년 글로벌 금융위기 당시에는 환율 효과에도 불구하고 함께 하락했던 것으로 보입니다.

여기서 얻는 교훈은 한국 부동산을 보유한 투자자라면, 자산에 미국 주식을 편입하는 것이 꽤 안정적인 성과를 유지할 수 있다는 것입니다. 참고로 책에서 전달하고자 하는 것은 우선 편입할 대상을 제시한 것일 뿐입니다. 위에서 말한 자산들을 모두 편입하면 자산 포트폴리오 관점에서 당연히 좋은 선택입니다.

PART ★4

코로나19 이후
파워게임과
외환시장의 앞날은요

천연두와 아즈텍 제국의
현대판 버전이 펼쳐졌어요

스페인이 아메리카의 문명을 파괴할 때, 천연두가 결정적인 역할을 했습니다.
인류의 역사는 질병의 역사와 함께 한다고 하는데,
인류 역사에 큰 획을 그은 코로나19 이후 세계는 나중에 어떻게 기록될까요?

유럽 여행의 매력 중 하나는 사통팔달(四通八達) 요지를 연결해주는 철도 교통 덕에, 하나의 국가를 여행하듯 자유롭게 국경을 넘나드는 것입니다. 1985년 5개국간에 맺어진 솅겐 협정(Schengen agreement)이 초석이 되었고, 현재는 비자 없이도 26개국의 국경을 오갈 수 있습니다.

그런데 여행객의 왕래가 자유로운 국경 없는 유럽은 전염병이 확산되기도 쉬운 환경입니다. 중국의 춘절 연휴를 맞아 이탈리아 밀라노로 입국한 중국 우한 출신의 관광객 부부가 2020년 1월 31일 로마의 병원에서 코로나19로 첫 확진 판정을 받으면서, 바이러스는 들불 번지듯 이탈리아 전역으로 퍼져나갔습니다. 이후 바이러스는 유럽 대륙 곳곳에 침투, 급속한 확산세를 보이면서 각국이 서둘러 빗장을 걸어 잠그는 양상을 보였습니다.

🏅 코로나19 질병 앞에 쓰러진 것은 잠시, 주식이 질주한 이유는요

생활수준이 높아진 중국인들의 관광 범위가 주변국에서 유럽으로 넓어지면서, 로마의 유산과 명품을 품고 있는 이탈리아를 외면할리 없었습니다. 유럽 재정위기 이후 경제적으로 곤궁해진 이탈리아 정부는 경제적 인센티브를 제시한 중국과 일대일로(一帶一路) 양해각서를 체결하고 항만 건설권을 내주는 등 교류를 늘리고 유럽 주요국 중 중국에 가장 열린 자세를 취했습니다. 중국 발(發) 바이러스의 침투에 취약할 수밖에 없는 환경이었습니다.

16세기에 융성했던 중앙아메리카의 아즈텍 제국이 스페인의 침략자 코르테스가 함께 들여온 천연두에 추풍낙엽처럼 쓰러지며 역사의 뒤안길로 사라진 것을 떠올리면 비약일까요.

동서양을 잇는 교두보에 위치한 이란도 코로나19 창궐 초기 바이러스가 빠르게 침투하여 맹위를 떨쳤던 국가입니다. 지리적 위치로 인해, 중국의 일대일로 프로젝트의 중심에 있는 이란은 중국 자본이 대규모로 투자되고 있고, 대외적으로는 이란의 핵 프로그

램 때문에 트럼프 대통령 재직 당시 미국과 대립각을 세우면서 기댈 곳은 사실상 중국 밖에 없었습니다. 중국發 바이러스의 습격에 속수무책이었음은 물론입니다.

그런데 코로나19 창궐 초기 시장이 패닉에 빠진 것도 잠시, 이후 글로벌 주식시장은 엄청난 랠리(증시가 약세에서 강세로 전환하는 것)가 펼쳐졌습니다. 악재 초기에 달러화의 급등을 초래했지만 환율이 내리며 안정을 되찾고 주식시장에는 엄청난 호재로 작용한 현상을 어떻게 해석해야 할까요.

여러 가지 해석이 있을 수 있지만, 필자는 각국의 전시(戰時, wartime)에 준하는 대응에서 답을 찾고 싶습니다. 코로나19로 인해, 일상적으로 얼굴을 맞대야 하는 서비스업은 타격이 컸습니다. 초기에는 생산공장에도 차질이 생겼습니다. 이에 대응하여 대부분의 국가들은 전시에 준하여 지출을 늘렸습니다. 코로나19의 갑작스런 창궐로 인해, 유례 없는 수준의 경제 위축이 나타나고 금융시스템에도 경고음이 울리면서 너도나도 비상 대응에 나선 것입니다.

정부와 중앙은행이 위기 극복을 내세우며 전폭적인 부양에 나서자 통화량은 급속히 증가했습니다. 마치 국가의 가용 자원을 총동원해야 하는 전쟁이 터졌을 때, 대응했을 법한 수준이었습니다. 이것이 주식시장 랠리에 결정적인 요소였습니다.

투자의 고전,『위대한 기업에 투자하라』 저자인 故 필립 피셔가 일생 동안 겪은 전쟁과 주식시장에 대한 혜안을 요약하면 이렇습니다.

'미국이 전쟁의 당사자가 되는 시점에는 미국 주식시장이 늘 급락했지만 전쟁이 끝난 다음의 주가 수준은 전쟁 이전보다 훨씬 높아졌다. 전쟁은 언제나 통화의 급팽창 요인으로 작용한다. 이것이 주식 가격의 인플레이션으로 나타나는 것이다. 물론, 패전국이 되면 화폐와 주식은 쓸모 없어진다.'

그런데, 투자자 입장에서 코로나19가 전시 상황과 결정적으로 달랐던 것은 기반시설이 파괴되거나 패전국이 되어 전쟁 배상금을 물어낼 일이 없다는 점이었습니다. 전쟁에 비하면, 큰 불확실성이 제거되어 있던 셈입니다.

🏔️ 헐거워진 미국과 유럽의 관계, 중국에게는 기회에요

전통적 동맹인 미국과 유럽은 냉전시대가 종식된 지금도 NATO (북대서양조약기구)라는 안보적 테두리를 공유하고 있습니다. 격동과 파란의 20세기에 공산주의 확산에 맞선 자본주의 국가의 결속, 그리고 유럽의 전후(戰後) 경제 재건 과정에서 미국이 유럽에 제공한 원조(마셜 플랜*)는 미국과 유럽이 자연스럽게 운명 공동체로 엮인 중요한 계기였습

★ 2차 세계대전 후인 1947년부터 1951년까지 미국이 서유럽에 제공한 대외원조계획으로, 당시 미국 국무장관이었던 조지 마셜(George Marshall)이 제안한 것입니다. 기본적으로는 유럽을 원조한다는 것을 표방했지만, 소련과 동유럽 국가들은 실질적으로 배제하고 있었습니다.

니다. 그들은 국제관계에서 분란이 생길 때마다 일치된 목소리로 대응했는데, 소비에트 연방(이하, 소련)과 그 해체 이후의 러시아라는 공동의 적이 그들을 하나의 이해관계로 묶는 주요 매개체였습니다.

미국 역대 정부가 외면해왔던 공산당 독재 체제의 중국과 1972년에 닉슨 대통령이 관계를 재설정한 것도 소련을 견제하기 위한 동기가 작용했습니다. 당시 중국은 소련과 이념적으로만 공산주의를 공유했을 뿐, 1969년에 국경지대에서 무력 충돌이 발생하는 등 적대국이나 마찬가지였습니다.

세계화는 심화되고 4차 산업혁명으로 상징되는 기술의 진화로 산업구조가 재편되면서, 세계는 국내적으로 사회·경제 지형의 변화를 겪고 있습니다. 전통적 산업의 일자리가 저렴한 인건비를 위해 해외로 이전하거나 기술 발전으로 줄어들면서, 신기술이 창출

한 일자리로 갈아타지 못한 상당수의 경제활동 인구들은 사회에 대한 불만이 쌓여만 가고, 중산층에서 도태되는 사람도 늘어나고 있습니다. 산업 내 1등 기업의 지배력은 더욱 커져가는 대신 주목받지 못하는 상당수의 기업들은 성장이 정체되었습니다.

정치인들은 국가간 정책의 연대 또는 공조를 뒷전으로 미룬 채, 포퓰리즘에 기대며 국내 표심을 자극하는 정책을 짜내느라 혈안입니다. 미래 세대에게 부담을 전가하고 있지만, 당장의 유권자인 현재 세대의 발등에 떨어진 불이 우선이죠.

냉전이 종식된 후, 공동의 적에 맞선 전통적인 동맹 관계는 희미해졌습니다. 이러한 시대 조류 속에 등장했던 미국의 트럼프 전 (前) 대통령은 유럽과의 안보 공동체인 NATO 탈퇴를 협박했고 유럽과의 무역에 있어서도 미국 우선주의를 강하게 밀어붙이며 막무가내식으로 유럽의 동맹국들을 곤혹스럽게 만들었습니다.

무역 분쟁에서도 동맹은 무의미했습니다. 특히, EU(유럽연합)와의 무역 협상에서도 EU로부터의 자동차 수입에 대해 25%의 고(高)관세를 위협하면서 EU를 당혹하게 했습니다. 트럼프는 동맹의 가치를 과소평가했습니다. 유럽도 영국이 EU를 탈퇴한데 이어, 이탈리아와 같은 핵심 국가가 EU 통합을 진전시키기보다는 경제적 난국을 타개하기 위해 독자적 행보를 모색하고 유럽의 통합에 의문을 제기하는 포퓰리즘 세력들이 각국에서 세를 불리고 있습니다.

2021년 친유럽 성향의 마리오 드라기(Mario Draghi) 내각이 들어섰지만 이탈리아 총리는 단명하기로 둘째가라면 서러울 정도입니다.

트럼프 대통령이 물러난 뒤 유럽 연합도 미국과 동맹 복원 필요성에 공감하고 적극 움직일 것으로 보입니다. 하지만, 트럼프 정부들어 헐거워진 미국과 유럽 간의 관계는 바이든이 대통령직을 이어 받았다고 해서 완전히 회복될 수 있을지 의문입니다. 미국의 공세에 직면한 중국에게는 기회이기도 합니다. 중국은 자본력을 동원해 이 틈을 파고들고 있습니다. 중국의 지식재산권 도용이나 강제 기술이전 강요 등 첨단기술 확보를 위한 불공정 관행과5G 등 안보 관련 사항에 대해서는 유럽이 미국과 공감대를 형성하고 있지만, 일부 중대한 사안에서는 흐트러진 대오를 보이고 있습니다.

2020년 말에는 EU와 중국이 2014년 1월부터 논의한 투자협정 체결에 합의했습니다. 이 협정의 표면적 내용은 중국이 EU에 중국시장에 대한 높은 접근권을 부여하고 공정 경쟁 여건을 보장하는 것이지만, 협정에 명시적으로 포함되지 않은 반대 급부가 있지 않겠냐는 의구심이 높습니다. 중국에 대한 미국의 압박·견제가 고조되는 시점에 협정이 체결되었다는 것은 중국이 다른 무엇인가를 얻어냈을 가능성이 높아 보입니다. 이 협정에서 중국이 얻은 것이 무엇이었는지는 지나봐야 알 수 있을 것 같습니다.

중국이 소련에게 배운 교훈은 따로 있어요

『백년의 마라톤』 저자 마이클 필스버리의 증언에 의하면, 중국과 소련이 적대적이었던 시기에 소련 관료들은 중국이 적절한 시기가 올 때까지 슈퍼파워가 되고자 하는 야망을 숨기고 있을 뿐이지, 세계의 중심이자 정점이었던 과거의 위상을 회복하려는 역사적 야망을 추구하고 있다고 의심했습니다.

필스버리는 중국이 기만 전술을 즐겨쓴다고 주장합니다. 중국 역사에서 군웅이 할거했던 전국시대에서 얻는 교훈은 '상대를 칠 수 있는 최적의 시기가 올 때까지 자신의 의도를 완벽하게 숨겨야 한다'는 것입니다. 그의 주장에 따르면 중국은 소련에게 중국의 의도를 들켜버린 당시의 실수를 교훈으로 삼아, 미국을 넘어서기 전까지는 미국이 중국을 적으로 생각하지 못하도록 처신하며 미국을 활용해 왔습니다.

그의 지적대로 그동안 미국은 허약한 중국을 도와주면, 중국이 장차 민주적이고 평화적인 세력이 될 것이며 글로벌 우위를 차지하려는 야심이 없다고 믿었습니다. 미국의 빌 클린턴 전(前) 대통령이 2001년 중국의 WTO 편입을 옹호하며 미국 의회를 설득할 때 논리이기도 했습니다.

하지만, 과거 소련 관료들이 중국에게 품었던 의심은 오늘날에 와서 현실인 것처럼 보입니다. 미국은 중국에 속았다는 것을 이제야 깨달았다고 땅을 칩니다. 그리고, 시간은 중국 편이 아닐지 두려워하고 있습니다. 우리가 보기에도 그렇습니다. 코로나19도 중국이 미국을 성큼 따라잡은 결정적 계기로 훗날 역사에 기록되지 않을지 궁금합니다.

중국이 코로나19를 효과적으로 통제했기에 중국의 기업들도 사업 영토를 넓힐 수 있었습니다. 일례로, 세계 최대의 중장비 업체인 캐터필러와 경쟁 관계인 중국의 중연중공업은 캐터필러 등 서방 기업들이 오랜 기간 수주를 독식하던 말레이시아에서 코로나19를 계기로 실적을 내기 시작했습니다. 중국이 먼저 코로나19 충격을 딛고 일어선 2020년 7월 무렵에는 전세계 수출에서 중국의 비중이 14%에 달했는데, 이는 1981년 미국 이래 단일 국가로서 처음 있는 일이었습니다.

그러나 필스버리의 시각에 동의하지 않는 분들도 분명히 있을 겁니다. 필스버리가 주장하는 중국 공산당의 기만 전술이 음모론적 시각일 뿐이라고 생각할 수 있습니다. 하지만, 만약 내가 중국인이라고 가정하면 어떤가요? 중국인으로서 국가의 지도층이 기만 전술을 통해 다른 경쟁국과의 대결에서 승산을 높일 수 있다면, 지도층을 칭찬하고 응원하게 되지 않을까요. 기만 전술이 도덕적이 아니라서 삼가야 할 전술인가요? 1980년 대 머지 않아 미국을 추월할 것처럼 보였던 일본이 미국의 혹독한 견제에 꺾이는 것을 똑똑히 봤던 중국에게는 기만 전술이 최선의 전략이 아닐까요.

필자는 중국인이 모두 기만적이라고 생각하는 것이 아닙니다. 중국인이 아니라 중국 공산당 지도부의 전략에 기만 전술이 녹아 있고, 적극적으로 활용한다는 것이지요.

한국의 지도자도 대외적으로 적극적인 기만 전술을 통해 국익을 증진시킬 수만 있다면 우리도 내심 응원하고 훗날 역사에서도 지략가, 전략가로 추앙받을 것이라 생각합니다. 필스버리의 시각이 불과 몇 년 전까지 미국 주류의 시각이라고 볼 수 없었지만, 이제는 주류의 시각이 된 것이 현실입니다.

중국의 대외 전략에서 읽는
한국의 위치와 환율은요

시스템의 힘이 중국을 키웠고 이끌고 있습니다.
이제 한국은 중국의 그림자를 벗어나기 어려워 보입니다.

1997년 2월 거인이 눈을 감았습니다. 20세기 초에 태어나 산전수전을 겪은 뒤 노구(老軀)를 이끌고 남순강화로 인생의 마지막 불꽃을 태우기까지, 그는 20세기를 거의 온전히 살아내며 그의 조국에 눈부신 유산을 남겼습니다. 불과 50년 전까지 외부 세계에 문을 닫고 고립되어 있었던 중국의 개방을 진두지휘하기 전에, 치밀한 개혁을 앞세웠던 것은 당시 중국 지도부로는 드물게 국제적 시야까지 갖춘 그였기에 가능했습니다.

그는 청년기에 프랑스와 소련에서 6년을 체류하며 견문을 넓혔고, 오랜 세월 최고 권력에 가까운 자리에서 대외 업무를 수행했으며, 마침내 최고 권력자에 오르기까지 다양한 형태의 관리 경험을 거쳤습니다. 하버드대 교수를 역임한 미국의 대표적 석학이자 동아시아 전문가인 에즈라 보겔(Ezra Vogel)의 표현에 따르면 말 그대로 준비된 지도자였습니다. 그의 이름은 덩샤오핑입니다.

잘 설계된 시스템의 힘이 중국을 키웠어요

허술한 제도를 그대로 두고 단지 시장 개방만 해서는 이미 앞서간 아시아의 네 마리 용을 따라갈 수 없다는 사실을 그는 인지했습니다. 준비 없이 성급하게 개방한 동구권 공산 국가의 시행착오를 반면교사(反面教師)로 삼아 개혁을 최우선 과제로 삼았기에, 개방 과정에서도 사회의 안정을 유지할 수 있었습니다.

급진적인 대약진 운동과 문화 대혁명의 처참한 결과로 권력이 개인에게 지나치게 집중되었을 때 생기는 폐해를 체감하며 새긴 교훈은 그의 관록을 거쳐 효율적인 정치 시스템으로 발현되었습니다. 최고 지도부에 오르기까지 수많은 관문을 통과하며 장기간 능력을 검증을 받도록 잘 설계된 인재 육성 시스템이 정착되었고, 이는 그의 사후에도 세월을 거듭하며 무서운 힘을 발휘했습니다. 검증을 거치며 준비된 지도부의 관리 능력과 효과적인 집단지도 체제는 국가가 성장을 거듭하는 가운데 불어 닥친 국제 경제의 위기도 견디어 낸 밑거름이 되었습니다.

코로나19의 발상지로, 그리고 초기의 은폐로 인해 논란이 없었던 것은 아니지만, 가장 우월한 회복력을 보인 것도 중국입니다.

🏛 중국의 천안문 사태 당시
미·중 정상의 물밑 소통이 시사하는 것

트럼프 정부 이후 정권이 바뀐 뒤에도 중국을 향해 파상공세를 펼칠 미국과 이를 받아내며 버티는 중국의 관계는 어떻게 될까요.

정치인은 한편으로 연기자와 비슷한 구석이 있습니다. 만인의 주목을 한 몸에 받는 지도자 역시 겉으로 보여줘야 하는 이미지 따로, 속내 따로인 듯합니다. 이러한 관점에서, 덩샤오핑의 미국 파트너였던 조지 H.W. 부시(아버지 부시라고 부르기도 합니다)가 대처했던 방식은 흥미롭습니다. 물밑에서도 많은 일이 벌어진다는 것을 시사합니다. 그리고 때로는 겉으로 보이는 것보다 상황이 심각하지 않을 수도 있다는 것을 알 수 있습니다.

덩샤오핑 시대는 경제 발전과 개방을 가속화하는 과정에서, 필연적으로 분출되리라 예견되었던 대규모 민주화 시위에 직면했습니다.

1989년 6월 4일의 천안문 사태입니다. 민주화 요구는 묵살되고 탄압되었지만, 결국 현대 권위주의 중국의 밑거름이 되었고 공산당 일당 독재는 더욱 공고해졌습니다.

당시 미국 등 서구 사회는 무자비한 탄압에 분노했고 이후 중국에 대한 국제사회의 제재는 불가피했습니다. 덩샤오핑은 그런 난국을 꿋꿋하게 헤쳐나갔습니다. 그런데 1989년 초 취임한 미국의 41대 대통령 조지 H. W. 부시는 1970년대 중반 미국 국무성의 베이징연락사무소 소장으로 재직하며 덩샤오핑과 친분을 쌓은 이래, 지도자간의 관계를 넘어 개인적으로도 서로 신뢰하는 특별한 관계로 발전했습니다. 제재의 선봉에 선 미국 지도자로서 중국에 대한 제재 조치는 불가피했지만, 부시는 최대한 덩샤오핑의 입장을 배려했고 미국내 반중 여론을 의식해 비밀 특사로 긴밀히 소통하며 사정을 설명하고 직접 양해를 구했습니다.

🏛 중국 대외전략에서 한국의 위치는요

국경을 접하는 이웃 나라가 많은 중국은 적대국으로 포위 당할 경우 활동 반경에 제약이 커지므로 이를 사전에 예방하려 촉각을 곤두세웁니다. 덩샤오핑 시대에 소련을 주적으로 설정하고 적대적으로 맞설 당시에도 접경국들을 포섭하기 위해 부단히 공을 들였습니다. 당시 중국의 주변 정세는 소련과 베트남, 인도가 한 편에서서 중국을 압박하는 그림이었습니다. 확장하는 소련의 위협에 맞서, 덩샤오핑은 전쟁을 피하기 위해서는 반드시 전쟁에 대비해야 한다고 역설했습니다. 중국 입장에서는 그 당시 소련이 지금 미국으로 선수만 교체된 상황처럼 보입니다.

지금 미국의 공세에 맞서는 중국은 같은 대열에 러시아와 북한, 파키스탄, 이란이 자리한 것으로 충분하지 않습니다. 우방이 아닌 국가라 할지라도 최소한 중국의 이익을 해치려는 세력에 동참하지 않도록 최대한 압박을 가합니다. 미국과 동맹인 한국이 일본과 간극을 넓히며 관계가 불편해진 결과는 사실 중국이 내심 원하는 그림이겠지요. 미국의 동맹국들이 중국을 포위하는 형세는 중국이 반드시 모면해야 할 상황입니다. 덩샤오핑 시대에도 그러했듯, 주적을 분명히 하고 동맹을 구축하여 대항하며, 적의 동맹을 균열시키는 것이 중국의 대외 전략입니다.

따라서 미국이 원하는 한·미·일 삼각 동맹이 성립되지 않는 것이 중국의 이익에 부합합니다. 중국과 한국이 수교한 이후 한국 경제는 중국에 대한 의존도가 너무 높아졌습니다. 경제적으로 중국과의 연결 고리가 너무 두터워지다 보니, 국가 중대사가 중국의 이해와 엮인 경우 자유로운 선택이 사실상 불가능해졌습니다. 미국이 구상한 인도·태평양 전략에 한국이 참여를 기피하며 소극적인 태도로 일관했던 것도 안보는 미국, 경제는 중국에 의존하는 한국의 전략적 모호성에 따른 불가피한 선택이겠지만 이 또한 중국이 원하는 그림이겠지요.

그리고 한국의 아킬레스건인 북한 문제는 중국의 그림자에서 한국이 벗어날 수 없는 결정적 배경인 듯합니다. 북한이 의존할 곳은 중국 뿐이고 중국이 북한 문제를 해결하는 데 키를 쥐고 있으니, 북한 이슈를 우선 순위에 둘수록 한국에게 중국의 그림자는 커질 수밖에 없어 보입니다. 결국, 중국의 대외 전략에서 한국은 미국의 동맹 중에 가장 약한 고리인 것처럼 보이는 것이 안타까운 우리의 현실입니다.

🏔️ 한국이 중국의 그림자를 벗어날 수 있을까요

중국은 또 한 번 도약을 준비하고 있습니다. 특히, 미래를 선도할 기술이나 금융 측면에서 움직임이 두드러집니다. 지난 몇 년간 〈중국 제조 2025〉로 상징되는 차세대 전략 산업, 그리고 자본시장의 선진화에서 괄목할만한 진전이 있었습니다.

중국 시진핑 주석은 2020년 5월에 내수에 초점을 둔 쌍순환(또는 이중순환) 개념을 제시하며 내수 확대를 독려했습니다. 코로나19가 진행형이다 보니 글로벌 수요의 회복을 기대하기 힘든 시기였던 데다 중국과 '디커플링(decoupling)' 하겠다고 협박하는 미국의 압박이 겹치자, 제법 커진 내수의 성장 동력을 자극해서 난국을 헤쳐나가려는 시도였습니다.

내수 확대를 꾀한다면 위안화 약세보다 강세가 유리합니다. 수입 가격의 하락이 소비자 입장에서 긍정적이기 때문입니다. 여기에 보험사의 주식 보유 한도 상향 등 중국의 시장친화적인 정책, 미·중간 1단계 무역합의 결과 외국 금융기관의 사업 허가 등이 맞물려 월가 IB(투자은행)들의 중국 진출이 본격화되었습니다.

중국 내 변수가 위안화 강세 유인을 키운 상황에서, 긍정적인 이벤트가 더해졌습니다. 앞서 기술했듯이 중국 주식은 MSCI 주요 벤치마크 지수에 편입되는 과정에 있고, 중국 국채 역시 글로벌채권지수에 속속 편입되며 위안화 자산에 대한 글로벌 자본의 투자 수요가 증가하고 있습니다.

그런데 미국은 정말 중국과 디커플링을 할 수 있을까요. 중국이 1970년 대 국제사회에 조심스럽게 문을 열기 시작할 때, 중국의 거대한 인구가 뿜어낼 시장 잠재력을 무시할 수 없었던 서구 사회는 중국을 우호적으로 받아들였습니다. 그리고 50년이 지난 지금, 중국은 글로벌 공급망을 사실상 장악한 수준에 가까워졌습니다. 글로벌 가치 사슬이 일부 해체되고 재조직되는 과정에서 미국 중심의 북미 가치 사슬, 독일 중심의 유럽 가치 사슬, 중국 중심의 아시아 가치 사슬로 재편되겠지만 중국의 그림자에서 완전히 벗어나는 것은 그 어느 나라도 어려워졌습니다. 한국은 말할 것도 없지요.

미국 규제 당국에도 거침 없는 발언을 일삼는 테슬라의 CEO 일론 머스크(Elon Musk)도 중국 매출의 덫에 걸린 것으로 보입니다. 예약 면담 형식의 중국 당국 호출에 그가 자세를 낮추는 모습이 화제가 되기도 했습니다.

이제는 미국과 유럽이 중국에 대한 의존도를 낮추는 방향으로 움직이는 것처럼 보이지만 미국의 다국적 기업들은 이미 중국 시장에 깊숙이 발을 들여놓은 상황이라 디커플링이 말처럼 쉽지는 않을 겁니다. 애플·테슬라 등이 중국 거대 시장을 포기할 수 없고, 중국 내 사업을 확대 중인 월가 IB(투자은행)등의 이해관계로 인해 미국이 중국 시장을 완전히 버리기는 힘들 것으로 보입니다.

유럽도 중국과의 관계를 관리함에 있어, 완전히 미국 정부의 편에 서기보다는 독자적인 제3의 길을 추구하고 있습니다. 사안에 따라서는 독자적인 결정을 내릴 것으로 보입니다.

미국이 트럼프 이전 시대로
쉽게 되돌아갈 수 없는 사정은요

미국의 내부 문제가 발목을 잡고 있어서 미국의 외부적인 영향력이 축소되고 있습니다.
트럼프가 물러났다고 원상 복귀할 수 있는 수준이 아닌 것으로 보입니다.

21세기 미국 대통령 중 나중에 역사가 평가할 때 가장 많이 회자될 인물, 상징적인 인물이 누굴까요.

2021년 현재, 불과 4명의 대통령이 등장했지만 현재로서는 도널드 트럼프가 아닐까 조심스럽게 예측해 봅니다. 그의 대통령 당선을 가능하게 했던 사회적 배경뿐 아니라, 전통적인 미국 대통령들이 걸었던 노선을 걷어차 버린 참 독특한 대통령이었습니다. 전례 깨기가 마치 그의 전매 특허로 보일 정도였으며, 대통령직에서 내려오는 마지막 순간까지도 논란을 야기했습니다.

정책 발표나 그의 일거수일투족은 SNS를 통해 전세계에 실시간으로 여과 없이 전달되었고 그의 행보는 많은 이들을 진땀 흘리게 했습니다. 전세계에서 미국의 위상과 리더쉽도 그의 재임 기간 중 상당히 후퇴한 듯 보입니다.

🏅 American Dream은 이제 과거의 일이 됐어요

트럼프가 백악관에 입성할 수 있게 했던 사회 현상들은 해소되지 않았고 해소될 기미도 없습니다. 그를 지지했던 낙후된 시골 지역 사람들과 저학력 백인들의 박탈감은 누가 대통령이 되더라도 쉽게 바뀌기 힘든 구조적인 문제에 기인합니다. 그들의 박탈감을 자신에게 유리하게 활용할 줄 알았던 트럼프는 코로나19가 창궐하지 않았다면 무난하게 재선에 성공했겠지요. 실제로 코로나19 창궐 직전까지 그런 예측이 많았습니다.

우리는 트럼프 대통령이 미국의 분열상을 야기한 원인 제공자처럼 인식하지만, 그는 미국의 사회 계층적, 지리적 분화를 보여주는 상징적 인물에 불과합니다. 미국 사회의 인종 격차는 느리게나마 감소하고 있지만, 인종 내 경제적 불평등은 훨씬 더 커졌고 경제적 신분 상승의 기회는 감소해서 '아메리칸 드림'도 사실상 퇴색했습니다.

로버트 D. 퍼트넘 저자의 『우리 아이들』은 20세기 중반과는 현저히 달라진 미국 사회의 변화를 추적하고, 훌쩍 높아진 사회경제적 장벽을 지적합니다. 1970년대와 비교해, 저학력 여성들의 혼외 출산비율이 현저히 증가했고, 대학 학위 취득 여부가 가족의 수입에 좌우되는 경향이 대단히 높아졌음을 보여줍니다. 또, 지금은 인종의 격차보다 경제적 격차로 나뉘는 계층의 차이가 뚜렷해졌습니다. 그의 지적에 따르면 대학 교육을 받은 흑인들은 대학 교육을 받은 백인들과 더 비슷하며, 교육을 덜 받은 백인들은 교육을 덜 받은 흑인들과 더 비슷합니다.

그의 책 이름인 『우리 아이들』은 그가 학창 시절을 보냈던 소도시 포트 클린턴의 동네 커뮤니티가 지역의 아이들을 우리 모두의 아이들인 것처럼 함께 보살피며 감정적 유대를 형성했음을 의미합니다. "한 아이를 키우려면 온 마을이 필요하다"는 아프리카 속담을 연상시킵니다. 이처럼 과거의 미국은 경제적 격차가 있는 가정들이 학교나 사회에서 섞여 원활하게 교류하고 기회도 열려 있었지만, 그간 지리적으로도 분화가 일어나면서 경제적으로 비슷한 수준의 사람들끼리 마을을 형성하게 되었습니다. 주요 대도시 지역에서는 중산층 이상의 가구가 교외로 탈출하고 빈곤층만 시내에 남았습니다. 중심에서 바깥으로 향하는 원심성의 분산 (centrifugal dispersion)이 진행된 것입니다.

🏭 무너진 전통 제조업 기반이 미국 정치판을 흔들어요

미국의 전통 제조업 기반이 흔들리기 시작한 것은 1970년 대 이후입니다. 이 시기부터 주요 산업이 비용 절감 등 경제적 인센티브로 생산 공장을 아시아 등지로 옮겨 갔습니다. 대신에, 미국은 첨단 산업이 자생적으로 꽃피는 생태계 조성에 집중했습니다. 괜찮은 일자리를 제공했던 미국 내 공장들은 폐쇄되었고 미국의 지역 경제는 곳곳에서 붕괴되었습니다. 쇠락한 공업지대를 뜻하는 러스트벨트(Rust Belt)에 국한된 문제가 아니라 전국적 현상이었습니다. 노동집약적 산업을 개발도상국으로 이전하고 산업구조를 고도화하는 과정에 불균형이 심화되었습니다.

살아 남은 제조업마저 공장이 자동화되면서, 사람의 일자리를 로봇이 대체하고 있습니다. 젊은 노동 계급에게 안정적인 일자리가 현저히 감소하면서 중산층이 무너져 내렸습니다. 그리고 2001년 중국의 WTO 가입은 결정타가 되었습니다. 월마트는 2002년 글로벌 소싱 본부를 중국 선전으로 이전한 뒤 중국에서의 상품 수입(import)이 급속하게 증가했습니다.

경제적 격차는 교육 기회의 격차로 이어져 금융, 컨설팅, 의료 등 고급 서비스 업종은 고학력자들만을 흡수했습니다. 반면, 과거 많은 인력들이 종사했던 제재소, 조선소, 식품 가공 공장 등 전통적인 산업시설 단지는 버려져 흉물로 변했지요. 바이든 정부가 통합과 치유에 주력한다고 한들, 부모님 세대보다 기회는 닫혀 있고 살림살이는 팍팍해진 상당수의 미국 시민들을 구제할 묘수는 없어 보입니다. 소외된 다수에 어필하는 전략이 정치적으로 통한다는 것을 트럼프가 증명한 셈이지요.

이러한 배경 때문에 미국은 다자간 자유무역협정에도 소극적입니다. 미국이 오바마 정부 때 주도적으로 추진했으나 트럼프가 탈퇴했던 TPP(환태평양경제동반자협정, 미국이 빠지면서 CPTPP로 변경) 재가입도 망설일 수밖에 없습니다. 제조업 일자리 창출이 아쉬운 미국에게 자유무역협정은 부담이 되기에 어려운 선택입니다. 중국을 견제하기 위해 자유진영 국가를 중심으로 한 국제 협약에 참여할 유인은 크지만, 미국 내 정치적 부담에 발목이 잡히는 그림입니다.

바이든이 미국의 글로벌 리더쉽을 복원하려 시도하겠지만, 원상 복귀는 쉽지 않을 겁니다. 바이든 대통령이 트럼프가 탈퇴한 파리기후협약이나 세계보건기구에 재가입하고 미국의 위상을 되찾으려 노력하더라도, 동맹·우방국 입장에서 미국에 대한 신뢰 수준이 예전으로 돌아가기는 어렵습니다. 바이든의 후임 대통령이 누가 되든 언제라도 이를 되돌릴지 모른다는 의구심이 생기지 않았을까요. 트럼프가 2024년 11월 대선에서 '내가 돌아왔다'고 외칠지 모를 일입니다.

마침 셰일(shale) 혁명으로 미국이 에너지 자급을 실현하면서, 에너지 안보의 필요성이 줄고 중동을 포함한 국제적 이슈에 깊숙이 관여할 경제적 유인도 상대적으로 감소했습니다. 중국에 대항하여 미국이 결집하려는 서방 국가들과 동맹들의 결속력은 과거에 비하면 느슨할 수밖에 없습니다. 중국에게는 기회가 되겠지요.

강 달러 정책이 의미하는 것은요

바이든 시대의 연준은 외부의 압박에서 보다 자유로워질 것입니다. 연준을 쥐락펴락하려 했던 트럼프 대통령과 달리, 바이든 대통령은 연준의 독립성을 존중할 것이고, 대통령이 달러화 가치에 대해 직접 왈가왈부하는 일도 보기 힘들 것입니다.

사실 외환정책은 연준이 아니라 미국 재무부 소관입니다. 전임 트럼프 정부가 유난히 달러화 가치에 대한 언급이 잦았던 만큼 달러화를 향한 바이든 정부의 입장도 주목됩니다. 일각에서는 재닛 옐런(Janet Yellen) 재무부 장관이 '강 달러 정책(strong dollar policy)'을 펼칠 것이라 얘기합니다.

강 달러 정책은 클린턴 정부의 로버트 루빈 재무장관 시대부터 미국 재무부의 외환정책 기조였습니다. 하지만, 미국 재무부 정책에서의 강 달러를 문자 그대로 해석하면 오해의 소지가 생깁니다.

미국 재무부가 얘기하는 강 달러 정책은 달러화 가치의 상승을 원한다는 의미가 아니라 무역에서 부당하게 이익을 취하거나 대외 부채의 실질적 부담을 경감시키기 위해 인위적으로 달러화 약세를 유도하지는 않겠다는 소극적, 선언적 의미입니다. 따라서, 달러화 가치를 적극적으로 지지하겠다는 의미로 받아들이면 곤란합니다. 달러화 가치에 실질적으로 영향을 미치고 싶어했던 트럼프 시대와의 결별 정도로 이해하면 무리가 없으리라 봅니다.

그런데 현재 미국에게는 대외 부채의 실질적 부담을 경감시키는 것이 절대적으로 필요한 시기입니다. 코로나19 대응에 막대한 재정을 지출하여 연방정부 부채가 급증한 미국에게는 그래서 그 어느 때보다 인플레이션이 필요합니다. 왜냐고요? 늘어난 정부의 부채 부담이 다시 줄어드는 케이스는 크게 3가지입니다.

가장 긍정적인 케이스인 첫 번째는 성장 회복으로 기업 이익과 개인의 소득이 증가해서 세금이 많이 걷히는 것입니다. 코로나19 이후 이렇게 되기까지는 상당한 시차가 필요하겠지요. 두 번째는 재정을 긴축하는 것인데, 정부 지출을 줄이면서 긴축하는 것은 바이든의 민주당 정부와는 거리가 있습니다. 세율을 인상하거나 세원(稅原)을 넓혀서 재정을 긴축할 가능성은 있지만 경제가 충분히 회복되기 전에 성급히 시도하지는 않을 것으로 보입니다.

이도 저도 힘들 때, 세 번째는 인플레이션을 일으키면 됩니다. 정부 부채 부담을 줄이는데 왜 인플레이션이 도움이 되는지 감을 못 잡는 사람들이 많습니다. Part 2에서 잠깐 인플레이션을 설명했지만, 조금 다른 각도에서 다시 설명을 하겠습니다. 인플레이션은 돈으로 값어치를 매긴 물건 값이 오르는 겁니다. 그만큼 같은 돈으로 물건을 구매할 수 있는 능력이 떨어지는 것입니다. 즉, 돈의 구매력이 떨어지는 것입니다.

그렇다면 집 한 채와 주식 일부, 그리고 은행 차입금이 있는 개인에게 인플레이션은 반길 상황일까요? 인플레이션 환경에서는 집과 주식 등 자산 가격이 오릅니다. 반면, 은행 차입금은 갚지 않는 한 명목 금액 그대로 있습니다.

그럼, 개인의 실질적인 부채 부담은 하락한 것입니다. 개인에게는 반길 상황입니다. 마찬가지로, 정부 부채 관점에서도 인플레이션 환경은 명목 화폐금액만큼의 부채를 진 정부가 부담해야 할 실질 부채 부담을 경감시키는 효과가 생깁니다.

전문가들이 미국의 인플레이션 가능성을 지목하는 이유가 바로 이겁니다. 미국 연준이 2020년에 공식화한 통화정책 패러다임의 변화도 이러한 맥락에서 해석해야 합니다. 연준은 2020년 여름, 잭슨홀 미팅을 통해서 평균 인플레이션목표제(AIT)를 천명했습니다. 2% 인플레이션이라는 기준점 자체는 변하지 않았습니다. 하지만, 기존에는 인플레이션 조짐에 선제적으로 움직였다면 이제는 2% 인플레이션에 안정적으로 정착하는 것을 확인하고 나서야 사후적으로 대응하겠다며 금리 인상의 문턱을 확 높였습니다. 그러면서 양대 목표의 다른 축인 완전 고용으로 무게 중심이 살짝 이동했습니다. 인플레이션을 감내하면서 고용 회복을 최대한 지원하겠다는 것입니다. 이는 금융시장에 시사하는 바가 많습니다.

먼저, 고용은 경기에 후행하는 성격이 강하기 때문에 연준이 제로 금리 등 경기 부양적인 정책 기조를 상당히 오랜 기간 유지할 가능성이 높음을 시사합니다. 또 하나는 달러화 환율입니다. 인플레이션은 장기적으로 통화 가치를 결정하는 핵심 변수입니다.

일물일가의 법칙(Law of One Price)라는 것이 있습니다. 같은 상품에 대해서는 어디서든 하나의 가격만이 성립한다는 법칙이지요. 맥도날드 햄버거를 떠올려 보겠습니다. 만약 지금 미국에서 햄버거 하나의 가격이 $5이고 환율이 1,000원이면 한국에서는 5,000원에 팔리는 것이 정상입니다. 그런데 미국 인플레이션이 극심해서 1년이 지나자 햄버거가 $10가 되었습니다. 한국은 저물가로 인해 1년이 지나도 똑같이 5,000원입니다. 이제 일물일가 법칙에 의거, 햄버거 가격에서 추출한 환율은 $10=5,000원이므로 $1-500원, 즉 달러·원 환율이 500원이 됩니다. 1,000원 하던 달러화 환율이 1년 만에 500원이 되었으니 달러화 가치는 하락, 원화 가치는 상승한 것입니다. 여기서 높은 인플레이션 환경에 노출된 통화는 통화가치가 하락함을 확인할 수 있습니다. 따라서, 정부 부채 부담이 너무 커진 미국에게 인플레이션 환경이 필요하다는 것은 달러화 가치가 하락하기 쉬운 여건이기도 합니다.

🪙 바이든 시대에는 달러화를 무기처럼 휘두르지 않을 거예요

달러화와 관련하여 바이든 정부에서 주목할 부분은 따로 있습니다. 그간 미국 정부가 무분별하게 남용했던 달러화를 통한 제재 방식을 앞으로는 자제하겠다는 것이지요. 미국 정부는 이란이나 러시아 등에 경제적 제재를 가할 때, 달러화를 중심으로 구축된 국제 결제망에 대한 접근에 제한을 가함으로써 이들 국가에게 타격을 입혔습니다.

이 방식은 이들 국가를 벌 주는 데 효과적이었지만, 그 반작용으로 이들이 달러화 중심의 국제 결제망을 우회하는 방법을 적극 모색하게 되는 유인을 제공했습니다. 이란과의 관계를 단절할 수 없었던 EU가 대안 시스템을 모색했고, 이란과 러시아는 자체 시스템을 구축하고 연결했습니다. 러시아는 또, 외환보유액에서 달러화를 줄이며 금을 사 들였습니다. 결과적으로 세계 준비통화로서의 달러화 지위를 위협하는 자충수가 되었습니다. 달러화의 힘은 여전히 강력하지만, 만고불변(萬古不變)한 것은 결코 아닙니다.

홍콩 국가보안법과 위구르 신장 인권 문제 등에 미국과 갈등이 깊어진 중국도 미국의 제재 위협에 직면하여 중국이 주도하는 국제 결제망을 확대하려는 강한 동기가 생겼습니다. 중앙은행이 주도하여 디지털 위안화 추진에 박차를 가하고, 한동안 뒷전으로 밀려나 있던 위안화 국제화에 다시 속도를 내는 중국의 행보는 달러화를 무기로 한 미국의 금융 제재 가능성에 대처하려는 목적도 커 보입니다.

이러한 움직임이 단기간에 달러화의 위상을 흔들 가능성은 낮지만, 중국이 산업자본 단계에서 금융자본 단계로 도약을 꿈꾼다는 것은 부인할 수 없는 사실입니다. 위안화의 위상이 아직 중국 경제력에 못 미친다는 것은 언젠가 잠재력을 폭발시킬 가능성도 높다는 것을 의미합니다. 환율은 상대가격이라서 특정 통화에서 강력한 모멘텀이 형성되면 다른 통화가 상대적으로 약세를 보이는 배경이 되기도 합니다. 위안화에 모멘텀이 형성되면 달러화도 약세로 반응할 가능성이 높습니다.

미국과 중국의 신냉전에 어떻게 대처할까요

미국과 중국의 관계가 심상치 않습니다. 우리는 투자자 입장에서 어떻게 대비해야 할까요. 전망이 아닌 전략이 필요합니다. 어떤 결과에도 안정적인 전략을 고민해야 합니다.

도널드 트럼프가 대통령 자리에서 내려왔지만, 중국을 향한 강경한 정책만큼은 바이든 정부가 이어 받았습니다. 국무부, 상무부, 재무부, 국방부 장관들이 모두 취임 일성으로 중국을 향한 강경한 입장을 표출했지요. 취임 전 인사청문회에서부터 목소리를 냈습니다.

체제, 문화, 역사, 인종 등 공통점을 찾기 힘든 미국과 중국, 이 두 강대국의 대결은 앞으로 투자의 세계에서 우리에게 어떤 기회를 열어 줄지 호기심을 부릅니다. 둘 사이의 위기는 한편으로는 기회가 될 수 있습니다.

우리는 미래를 전망하려 애쓸 필요가 없습니다. 어떤 일이 벌어

저도 안정적일 수 있는 최선의 전략을 취하는 것이 더 중요합니다. 미·중간 대결의 결과는 크게 평화 또는 파멸일 것이고, 파멸에 이르는 경우까지 우리의 생존과 자산을 지키려 고민할 필요는 없어 보입니다. 파멸이 아닐 경우에 대비해야지요.

파멸이 아니라면 미국이 헤게모니를 방어하고 강화하던지, 중국이 우위를 점하던지, 아니면 서로의 영역을 존중한 채 지역 패권을 유지하는 형태가 될 수 있을 겁니다. 그 과정에서 위험한 상황도 펼쳐질 수 있습니다. 우리는 어떤 미래가 펼쳐져도 크게 손해보지 않는 방향으로 대비를 해야 합니다.

달러화 패권, 미국이 지킬 수 있을까요

환율은 어떻게 될까요. 질문을 달러화가 패권을 유지할 것이냐, 위안화가 달러화 패권을 뺏어올 것이냐, 아니면 통화 패권을 공동으로 점유할 것이냐로 바꾸는 것이 더 좋겠습니다.

하늘에 태양이 두 개 떠 있을 수 없듯, 달러화와 위안화가 어깨를 나란히 하는 수준까지 가더라도 그 상황은 과도기적인 상황에 불과할 것 같습니다. 결국 힘의 우위에 달린 문제가 됩니다.

중국의 국제적 영향력이 미국을 넘어서고 룰 메이커(rule maker)가 된다면 결국 통화 패권이 위안화로 넘어오는 것도 시간

문제가 됩니다. 다만 현재 세간의
평가는 아직까지 현실성 없는 얘
기라는 것입니다.

★ 1944년 미국 뉴햄프셔 주 브레턴우즈
에서 44개국 연합 회의에서 탄생한 국제 통
화제도. 공식적으로 미국 달러화를 기축통
화로 금 1온스를 35달러에 고정시켜 통화
가치 안정을 꾀한 환율 체제입니다.

하지만 기술 혁신이 역사의 물
결을 바꿔 왔듯 기술 혁신은 우리 예상보다 이른 시점에, 미래를
우리 앞에 보여줄 수 있습니다. 미국이 중국을 강하게 견제하는 것
도 결국 힘의 역전을 막아보고자 적어도 최대한 늦춰보고자 하는
것입니다.

세계 질서에서 미국이 쥔 마지막 보루는 달러화 패권이 될 것
으로 보입니다. 통화패권을 빼앗아 오기에는 많은 장애물을 넘어
야 합니다. 미국 달러화 패권을 공식화한 브레튼우즈 체제(Bretton
Woods)★가 그랬듯 국제 질서를 재편하는 과정이 필요할 것이고,
그 과정에서 달러화 특권을 포기하고 싶지 않은 미국의 저항도 심
할 수밖에 없습니다.

하지만 벌써 중국은 아프리카와 신흥국 등 제3세계를 이미 중
국 편으로 포섭했고 이제 미국의 전통적 동맹인 유럽 국가들에게
도 성큼 다가섰습니다. 자본의 힘에는 장사가 없는 듯합니다.

🏅 중국의 디지털 통화 도입이 게임 체인저인가요

그런데 혹시, 중국이 가장 먼저 도입하는 중앙은행 디지털 통화가 달러화의 통화패권을 빼앗아 오는 신호탄이 될까요? 디지털 전환(digital transformation) 시대에 중국이 디지털 통화를 가장 먼저 도입한다는 사실만 보면 뭔가 통화패권에서도 대전환이 생기는 것 아닌가 생각할 수 있습니다.

하지만, 2021년 초까지 확인되는 상황만으로는 위안화의 디지털 통화 도입은 달러화 패권을 위협하는 변수로 보기에는 무리입니다. 위안화 디지털 통화는 시중에 유통되는 위안화 현금의 일부만을 디지털로 변환하는 것입니다.

기존의 전통적 금융시스템을 대체하는 수준이 아니라, 알리바바의 알리페이, 텐센트의 위챗페이와 경쟁하는 디지털 현금에서 크게 벗어나지 않는 수준입니다.

그런데 중앙은행 디지털 통화가 현금을 대체한다면, 그간 현금 보유를 통해 누렸던 익명성은 어디를 향할까요. 어느 나라건 세금이나 규제, 감독을 피하려는 수요는 있기 마련이고 여기서의 핵심은 익명성입니다. 중앙은행 디지털 통화가 익명성을 보장하지 않는다면(자금세탁방지 규정에 따르려면 그래야 합니다), 익명성을 누릴 수 있는 Bitcoin 등 암호화폐에 대한 수요는 끊이지 않을 겁니다.

다만, 우리가 명심할 것은 중국이 디지털 통화를 의욕적으로 서두른 움직임에서 보듯, 미래를 선도함으로써 얻을 수 있는 기회를 선점하고 호시탐탐 달러화 패권을 넘보면서 유리한 입지를 다져갈 것이라는 점입니다. 이러한 노력들이 결국 언젠가 힘의 우위와 결합되어 패권을 빼앗아 오는 원동력이 될 수 있습니다.

🏆 위안화 패권 노리는 중국에게서 기회를 찾아요

만약 힘의 우위에서 중국이 미국을 넘어서는 날이 온다면, 달러화가 누리는 통화 패권도 언젠가는 넘어갈 것입니다. 영국의 글로벌 패권이 미국으로 넘어가는 과정에서, 경제 규모나 무역 규모에서 미국이 영국을 추월한 뒤에도 금융 패권이 미국으로 넘어가기까지는 상당한 시간이 더 소요되었습니다.

결국 중국이 미국의 달러화 패권을 무너뜨리는 날은 어쩌면 우리 생애에는 볼 수 없을 수도 있습니다. 하지만 시장은 그 가능성을 먼저 간파하고 움직인다는 것을 감안하면, 우리 생에 금융시장이 위안화 패권을 예상하고 움직이는 일은 벌어질 수도 있습니다.

그런데, 통화 패권을 당장 가져오지 못하더라도 중국으로서는 먼저 해결해야 할 일이 있습니다. 위안화 패권을 넘보려면 그 야망을 뒷받침해 줄 수 있을 만큼 위안화 자본시장이 발전해야 합니다. 위안화 자산의 저변이 넓어져서 전세계 자본의 다양한 수요를 충족시킬 필요가 있습니다. 그래서 중국은 자본시장의 빗장을 조금씩 조심스럽게 풀어주고 있습니다.

여기서 다시 한번 강조해야겠습니다. 분명한 사실은 중국의 자본시장, 금융시장이 경제력에 비해 아직 덜 발달했다는 것입니다. 이는 그만큼 중국 자본시장이 많은 잠재력을 품고 있음을 의미합니다. 따라서, 언제가 될 지 모를 중국의 자본시장 성장기에 올라탈 기회를 놓치지 말아야 합니다. 벌써 미국 등 주요 외국계 금융회사의 사업 기반이 넓어지고 있는 걸 보면 이미 시작된 것인지도 모릅니다. 중국에도 투자해야 하는 단순하고 명확한 이유입니다.

그런 관점에서, 미국에만 쏠린 우리의 관심을 중국에도 나눠야 합니다. 우리는 지금껏 미국 주식투자에만 열을 올렸고, 중국 투자를 등한시했습니다. 한국인들이 어디에 투자했는지를 확인하면 미국 쏠림이 심했습니다. 애플, 아마존, 테슬라, 알파벳(구글의 모회사), 마이크로소프트 등이 업계를 선도하며 각광받다 보니 한국의 투자자들도 이들에게만 쏠렸습니다.

하지만, BAT(바이두, 알리바바, 텐센트)로 대표되는 중국의 기업들이 맹렬하게 미국을 추격하고 있습니다. 테슬라가 앞서간 전기차부문에서도 중국의 전기차들이 무섭게 쫓아왔는데, 우리의 인식은 생각보다 세상의 변화를 빠르게 알아채지 못합니다.

민주주의에 다가가지 않고 오히려 더 권위적으로 치우친 중국의 변화를 미리 느끼고 있었나요. 중국의 BAT나 선도 기업들이 이만큼 성장한 걸 알고 있었나요. 미국 사람들이 중국의 추월을 두려워하고 있다는 것을 알고 있었나요.

미국 기업들이 그간 각광을 받은 만큼 고평가된 측면도 분명히 있습니다. 이런 성장주들에게 PER, PBR, PSR★같은 지표들이 무슨 의미가 있냐는 평가도 많지만 그런 주장이 맞았는지는 먼 훗날에 판단할 수 있겠지요. 물론, 그 미국 기업들이 좋은 기업임에는 틀림 없습니다. 하지만 투자자들에게 워낙 인기가 높은 만큼, 지나치게 고평가되어 있을 가능성도 생각해봐야 할 부분입니다. 판단은 각자의 몫입니다.

이 즈음에서 『현명한 자산배분 투자자』에서 윌리엄 번스타인이 던진 얘기를 다시 되새겨야겠습니다. "좋은 기업은 대체로 나쁜 주식이고, 나쁜 기업은 대체로 좋은 주식이다." 즉, 좋은 기업은 투자자들에게 인기가 많아 과대 평가되어 있을 가능성이 높은 반면, 나쁜 기업은 관심에서 소외되어 있어 과소 평가되어 있을 가능성

★ 주가수익비율(PER, Price to Earnings Ratio): 시가총액을 순이익으로 나눈 값.
주가순자산비율(PBR, Price to Book Ratio): 시가총액을 순자산(자기자본)으로 나눈 값.
주가매출액비율(PSR, Price to Sales Ratio): 시가총액을 매출액으로 나눈 값 .

이 높습니다.

투자 대상으로서의 가치를 보면 좋은 기업보다 나쁜 기업에서 더 좋은 기회를 엿볼 수 있다는 의미가 됩니다. 망하지 않을 기업이라는 확신만 있으면 인기 없는 주식을 사 놓고 잊고 지내면 언젠가 재평가되어 가치가 올라 있는 경우가 많습니다. 그럴 때 느끼게 되는 뿌듯함은 정말 즐거운 경험입니다.

PBR에 대해서는 몇 마디 부연하자면, PBR은 Price to Book ratio의 약자로, 회사의 주당 장부가격 대비 주가가 몇 배인지를 나타내는 지표입니다. 이익은 들쭉날쭉해서 몇 년치 평균을 봐야 의미가 있고, 성장기업은 이익이 작아도 주가가 너무 높아서 PER이 100을 넘는 경우도 있습니다. PER이 100을 넘는다면 100년간 이익이 쌓여야 겨우 투자금을 회수할 수준이라는 얘기입니다. 그 기업에 투자했을 때 기대할 수 있는 이익수익률, 즉 내가 투자한 기업이 1년간 내는 이익의 비율이 주가 대비 1%에 불과하다는 의미입니다. 하지만, 성장 기업도 언젠가는 성장세가 그저 그런 기업이 될 수밖에 없습니다. 가파른 성장세가 영원할 수 없습니다.

하지만, PBR은 훨씬 안정적입니다. 장부가치가 크게 변하지 않기 때문입니다. 그리고 장기적으로 보면 PBR이 PER보다 더 유용하다는 해석도 있습니다. 보통 PBR이 1보다 작으면 저평가되어 있다고 봅니다. 그런데 투자자 입장에서 실제 투자에 연결할 때,

PBR을 활용하는 방법은 단순히 다른 기업과 PBR을 비교하기보다 그 기업의 장기간 PBR 추세를 확인한 뒤 지금이 역사적 저점에 가까운 수준인지를 판단할 수 있다면 훌륭한 잣대가 됩니다.

기업의 고질적인 문제나 한계 때문에 업종 내에서 저평가 받는 것이라면 지금의 낮은 PBR이 해소되기 쉽지 않습니다. 하지만, 장기간의 PBR에 비해 현재 낮은 수준에 머물러 있다면 잠시 관심에서 멀어져 아직 못 오른 경우일 가능성이 있습니다.

🏅 전망에 의존해서 전략을 세우지 마세요
(전략의 유용성, 전망의 무용성)

마지막으로, 강조하고 싶은 내용이 있습니다. 사람들은 투자 결정을 하기 전에 전망부터 궁금해합니다. 유망한 투자 대상이냐고. 오를 것으로 보이냐고.

행동심리학자로 노벨 경제학상을 수상한 대니얼 카너먼이 규정한 시스템 1, 즉 이성이 아닌 직관을 통해 큰 고민 없이 즉각 반응하는 우리의 자연스러운 행동입니다.

하지만 다른 사람들의 전망을 물어보고 알아본 뒤 얻는 것은 무엇인가요. 누군가의 의견일 뿐입니다. 아무리 전문가라고 해도 그 시점까지 관찰한 바에 따라 판단할 뿐, 미래를 내다보지 못합니다.

전문가들의 예측력은 평범한 사람들의 능력을 전혀 뛰어넘지 못합니다. 현상을 스토리로 풀어내는 능력이 더 좋을 뿐입니다.

우리는 미래를 예측할 수는 있지만 예측의 정확도로 치면 재능이 없습니다. 한 두 번은 맞출 수 있겠지만 틀릴 가능성도 높습니다. 특히나 시점을 맞추는 것은 거의 틀린다고 봐야 합니다. 하지만, 전망은 틀려도 괜찮습니다.

단, 그 전망에 따라 전략을 설정하지 않았을 경우에만 해당하는 얘기이며, 전망에 따라 전략을 세우는 것은 위험합니다.

환율이 상승한다는 전망이 주류를 형성하는 시기에는 이에 영향을 받아 나의 전망, 나의 생각도 환율이 상승할 것처럼 보입니다. 그럼, 달러화 자산을 지금 사야 하나요? 전망이 틀려서 반대로 가면 어떻게 하죠? 전망에 따라 전략을 세우는 것은 '모 아니면 도' 식의 전략이 됩니다.

자산 가격이 어떻게 움직이든 무관하게 크게 흔들리지 않고 안정적이면서도 시장의 상승에 크게 뒤처지지 않는 전략을 세울 수는 있습니다. 거듭 강조하지만 환율이 좀 내렸을 때, 아니면 전망과 무관하게 꾸준히 달러화 자산을 나눠 사 모아두면 시장에 환율 상승 전망이 형성되기 전에 대비가 되어 있겠지요.

중간 과정에 가격이 오르거나 내릴 수 있습니다. 하지만 그 단기적 방향성에 베팅하는 것은 실패 확률을 높이는 결정입니다. 투자 가치가 있고 좋은 자산이 과대 평가되어 있지만 않다면, 사 두고 잊고 지내면 됩니다.

전망부터 확인한 뒤, 전략을 설정하고 실행하는 것은 무의미합니다. 전망은 그저 누군가의 예상일 뿐입니다. 전망과 전략은 별개로 접근해야 합니다.

미국과 중국, 두 강대국의 대결에서도 누가 이길지 전망해야 좋은 전략을 세울 수 있는 것은 아닙니다. 어떤 결과가 되더라도 안정적인 전략을 고민하는 게 맞습니다.

미국과 중국의 힘의 대결에서 최악의 순간이 이미 지났을까요? 이제 정점을 향해 달려 가는 것 아닌가요. 물론, 정점을 향해 간다는 것이 곧 파국, 파멸을 의미하지는 않습니다. 하지만, 앞으로 미국과 중국간에 첨예한 이슈로 금융시장이 크게 흔들릴 가능성에 대비할 필요는 있습니다.

그때를 대비해서라도 미국채와 같은 달러화 자산을 들고 있는 것이 좋습니다. 그리고 위안화 저변이 넓어지고 위상이 높아지고 있으니 위안화 자산도 들고 있어야 든든할 겁니다. 하지만, 개인 투자자들이 위안화 자산에 투자할 만한 방법은 아직까지는 제한적이라서 중국 우량 주식을 일부 들고 있으면 좋겠습니다. CSI300 지수 등 중국 지수를 추종하는 ETF는 찾기 쉽습니다.

미국과 중국 어느 한쪽에만 투자 비중이 치우쳐서 좋을 것은 없습니다. 양쪽에 적절히 안배하는 것이 필요하지만, 미중 대결에 무관하게 롱런할 수 있는 자산군을 찾는 방법도 있습니다. 물론, 미국과 중국에게서 완전히 자유로운 자산은 사실상 없다고 볼 수 있습니다.

그런 관점에서, 일본이나 이스라엘과 같은 시장에 투자하는 것도 괜찮은 방법인 듯합니다. 미국 편에 서 있으면서도 중국과의 관계를 잘 관리하고 있는 일본이나 수천년의 역사에 어떤 고난이 닥쳐도 살아남고 계산도 밝은 유대인의 지혜를 빌릴 수도 있습니다.

미국 나스닥에 상장된 기업들은 미국과 중국 다음으로 이스라엘 기업이 세 번째로 많습니다. 이스라엘 투자도 어렵지 않습니다. Google 검색창에 Israel ETF를 입력하면 인기 있는 이스라엘 관련 ETF리스트를 찾을 수 있습니다. 그 중 입맛에 맞는 종목을 선택할 수 있습니다. 국내 상장된 ETF는 아니지만, 미국 주식 거래하듯 쉽게 거래할 수 있습니다. 다만, 그 중에는 이미 과대평가된 종목이 있을 수 있으니 무턱대고 투자해서는 곤란합니다.

더 읽을거리 ③에서 한국 주식 보유자와 부동산 보유자가 각각 미국 국채와 미국 주식을 우선 매입하는 것이 좋은 선택이라고 했습니다. 다른 자산들은 어떨까요.

자산 구성 측면에서 **한국 주식** 보유자가
금을 사는 것은 좋은 선택

금을 추가하는 것은 어떨까요. 금에 투자하는 방법은 여러 가지가 있지만, 여기서는 실물 금을 사는 것을 가정하겠습니다. 참고로 금 자체는 위험 대비 수익률 관점에서 보면, 그 자체로 우수한 투자 대상은 아닙니다. 하지만, 한국 투자자들이 자산에 편입했을 때 안정적인 성과를 누리는 데 도움이 되기 때문에 투자할 가치는 충분합니다.

금을 보유하는 것도 대체로 코스피 수익률을 조금 보완해 주는 것으로 보입니다. 다음 페이지에 있는 그래프의 두 변수간 상관계수는 -0.25입니다. 수익률 보완 효과가 미국 국채보다는 한참 부족하지만 미국 주식보다는 아주 조금 낫네요.

결론적으로 한국 주식을 보유한 사람이 다른 자산을 추가해서 내 자산을 안정적으로 운용하려 할 때, 한국 부동산을 추가하는 것보다는 미국 주식이 낫고, 미국 주식보다는 금이 조금 더 낫지만, 최고의 조합은 미국 국채를 추가하는 것입니다.

중국 주식을 추가한 효과는 굳이 그래프로 보여드리지 않았는데, 중국 주식(상해종합지수)과 한국 주식간 1995년부터 26년간의 상관계수는 +0.14였습니다. 중국 주식과 한국 주식은 상관관계가 높지 않지만 서로 다르게 움직이기 보다는 비슷하게 움직이는 특성이 있네요. 다만, 한국 부동산과 한국 주식의 상관계수(+0.36)보다는 상관성이 약한 수준입니다. 상관관계가 플러스라고 해서 추가할 필요가 없다는 의미는 아닙니다. 상관관계가 1이 아니라면 자산에 편입할 이유는 충분합니다.

한국 주식 보유자가 일본 주식을 추가하는 것은 어떨까요. 한국 주식과 일본 주식

▼ 골드와 한국 주식의 수익률 추이

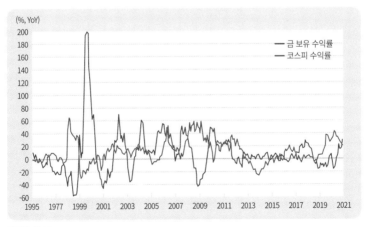

자료: Refinitiv

의 지난 26년간(1995~) 상관계수는 +0.34로 플러스의 상관관계가 꽤 높았습니다. 따라서, 일본 주식은 한국 주식 보유자의 자산을 안정적으로 유지하는 데 다른 자산보다 상대적으로 효과적이지는 않습니다. 결국 평균적인 한국 주식 보유자에게 최우선 투자 대상은 미국 국채입니다.

한편, 한국 부동산과 일본 주식의 상관계수는 동일 기간 마이너스(-0.12)이기에 한국 부동산 보유자가 일본 주식을 추가했을 때 자산 포트폴리오의 가격 하락 위험을 줄이는 데 꽤 효과가 있습니다.

2013년

달러·원 2012년 하반기부터 환율이 지속 하락하며 1월 중순 1,050원 위협했으나, 이후 상황이 반전. 유로존 은행들이 LTRO(장기대출프로그램, 3년만기 저리 대출)의 상환자금 1,372억 유로 마련을 위해 한국 등 신흥국에서 자금을 대거 회수하며 환율이 1월 하순 상승 전환. 상장지수펀드(ETF)운용사 Vanguard가 벤치마크를 변경(MSCI ⇒ FTSE)하면서 1월부터 7월 첫 주까지 매주 4천억 원 가량(총 9조 원)의 주식이 기계적으로 빠져나가며 환율 상승에 기여. 미국 오바마 정부 2기 임기 시작과 함께, 임기 첫 해 집중되는 북한의 도발(2월 중

▼ 달러·원 환율 및 달러 지수 추이

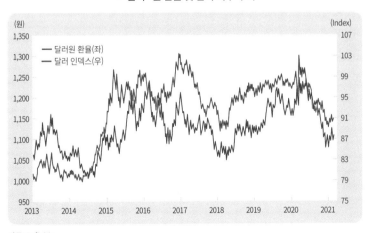

자료: Refinitiv

3차 핵실험)도 환율 상승에 기여. 2013년 4월 일본 중앙은행(BOJ)의 화끈한 통화정책 완화에 따른 엔화 가치 급락이 달러화 급등 초래하며 달러·원 상승을 자극. 5월 버냉키 의장의 tapering 시사 및 6월 중국 신용 경색으로 1,160원대에 연고점 기록. 이후, 하반기에는 신흥국간 차별화되며 한국에 자본 유입되어 12월에는 다시 1,050원으로 회귀.

달러 지수 일본 BOJ의 통화정책이 엔화 약세 및 달러화 강세를 촉발하고 버냉키 의장의 tapering 시사 발언에 상반기에는 달러화가 상승했으나, 연준 버냉키 의장이 시장의 우려를 적극적으로 진화하며 하반기에는 달러화가 하락. 12월 FOMC에서 tapering 개시를 발표했으나 금융시장과 적극적인 소통을 시도한 덕에 달러화 반응 제한.

2014년

달러·원 미국 테이퍼링 주시하며 1분기에 외국인 자본 유출되기도 했으나 2분기에는 금융시장이 안정되며 한국에 대거 자본 유입. 7월 초에는 글로벌 금융위기 이후 최저 환율인 1,008원까지 하락. 그러나, 9월부터 미국의 금리 인상 가능성이 본격 조명되기 시작하며 달러화가 급등. 10월 말에는 일본 중앙은행이 다시 한 번 통화정책 완화 강도를 높이며 엔화 약세가 또 한 번 탄력을 받자 달러화에 추가 상승 동력 제공하여 12월 장중에는 1,120원 대까지 상승.

달러 지수 상반기 움직임이 미미했으나, 하반기에는 강한 상승세. 9월부터 향후 미국의 금리 인상 가능성이 본격 조명된 데다, 유로존 중앙은행(ECB)의 양적완화 가능성이 부상하며 유로화 하락이 달러화 강세에 영향. 10월 일본 BOJ의 완화정책 확대, 하반기 원유 가격의 대폭 하락도 시장 전반의 위험기피에 일조하며 글로벌 달러 강세에 기여.

2015년

달러·원 연초부터 미국의 금리 인상 시기가 화두였으며 달러화 강세 전망이 강했으나, 상반기에는 상대적으로 변동성 제한. 연준이 달러 강세 억제 위해 미국 금리 인상 지연한 끝에 결국 2015년 12월에야 첫 금리 인상 실시. 중국이 어설프게 주식시장 부양 정책을 펴다 6월 거품 붕괴되기 시작하고 8월에는 중국 당국이 기습적인 위안화 절하에 나서자 환율이 급등하며 9월에는 1,200원 돌파.

달러 지수 미국 금리 인상 기대가 지속된 가운데, 유로존 ECB가 1월 양적완화 도입 발표. 일본 BOJ發 엔화 약세에 달러화 초강세 지속. 하반기에는 유로화 및 엔화 약세가 주춤해지며 달러화 강세도 진정.

2016년

달러·원 2015년 하반기 불거진 중국 비관론이 2월까지 지속되며 고점이 1,245원까지 상승. 중국 비관론이 잦아들고 금융시장도 3월부터 안정을 찾으며 환율이 급락하기 시작. 6월 Brexit 결과에 잠시 급등했으나 하락 추세 뒤집지 못하고 9월 중 1,090원까지 하락. 그러나, 11월 미국 대선에서 트럼프 당선되자 트럼프 정책이 달러 강세 기대 높이며 연말 다시 1,200원 돌파.

달러 지수 2월 달러 강세 진정되기 시작하여 5월 중 92pt까지 하락. 2월 말 상하이 G20 재무장관 및 중앙은행 총재 회의에서 달러 약세 유도에 암묵적 합의했다는 소문. 11월 트럼프 대통령 당선에 달러 지수도 급등.

2017년

달러·원 트럼프 대통령이 취임과 함께 노골적으로 달러 약세를 원한다며 시장을 압박. 이와는 별도로 글로벌 경제 성장세가 일제히 강화되고 반도체 수퍼 사이클 진입하여 환율이 1년 내내 하락. 1분기에 100원 하락, 4분기에도 70원 하락.

달러 지수 트럼프 대통령의 달러 약세 유도 발언이 수시로 나온 가운데, ECB의 양적완화 축소 및 통화정책 긴축 전망이 부각되며 유로화가 급등. 글로벌 경제 반등과 유로화의 급등이 달러 지수의 급락으로 이어져 연초 103.82pt에서 연말 92pt까지 하락.

2018년

달러·원   전년도부터 지속된 환율 하락이 1월까지 지속, 1,058원까지 하락. 그러나, 연초 이후 장기 금리(특히, 미국 10년물 국채 금리) 상승세 지속되며 2.8% 넘어서자 미국 증시가 1주일 만에 조정 국면(전고점 대비 10%이상 하락) 진입하며 위험자산이 동반 하락. 달러·원 환율도 1,100원에 육박한 뒤 재하락. 6월에는 트럼프가 중국에 철강 관세 부과하며 무역 분쟁의 서막을 열자 환율이 1,100원 돌파.

달러 지수   미국의 국채 금리 상승에 금융시장의 투자심리가 위축되고 트럼프가 중국과 무역 분쟁 본격화하자 달러화가 상승. 연말까지 연준이 금리 인상 고수하여 달러 지수가 98pt에 육박.

2019년

달러·원   연초부터 미국 연준이 금리 인상 중단 의사를 밝히며 환율 상승세가 진정. 그러나, 미·중간 무역협상이 냉탕과 온탕을 오가는 가운데, 5월 양국 관계가 경색되며 팽팽히 대립하고 8월 초 미국이 중국을 환율조작국으로 지정하자 환율이 1,223원까지 상승. 이후 미·중이 협상 테이블로 돌아와 무역협상 합의에 임박하자 연말에는 1,156원까지 하락.

달러 지수   미국 연준이 통화 긴축 기조를 멈추고 시장친화적 스탠스로 돌아섰으나, 미·중 무역 분쟁에 세계 교역 및 경제가 위축되며 달러 지수가 상승하여 10월에는 100pt에 육박.

2020년

달러·원 1월 15일, 미·중이 무역합의에 서명하여 1,150원까지 하락. 그러나, 1월 춘절 연휴 직전 우한에서 코로나19 급속 확산하며 환율이 급등하기 시작. 팬데믹으로 금융시장이 패닉에 빠졌으며 3월 19일 장중에는 환율이 1,296원까지 급등. 3월 초순 OPEC+가 원유 감산합의에 실패하고 오히려 증산 결정한 것이 시장에 직격탄. 그러나, 연준이 파격적 유동성 공급 지속하여 시장이 안정을 되찾고 6월 이후 1,200원 하향 돌파. 5월 이후로는 유로화 정책 호재(7월 EU 코로나 회복 기금 합의)로 유로화 모멘텀이 글로벌 달러 약세를 견인. 8월 이후로는 중국 경제 회복 모멘텀과 중국 내수 활성화 정책, 중국 국채의 글로벌 벤치마크 편입 등이 위안화 강세로 이어지며 글로벌 달러 약세를 견인. 9월부터는 한국 수출 개선 조짐으로 원화 자체적인 강세 모멘텀 형성되기 시작. 11월 미국 대선에서 바이든 당선되자 향후 무역 리스크 경감 기대까지 더해지며 원화 강세 심화.

달러 지수 코로나19 로 금융시장이 패닉에 빠지자 달러화가 급등하여 3월 20일 103pt까지 급등. 연준의 파격적 유동성 공급이 달러화 안정시킨 가운데, 5월 이후 EU 회복기금 추진이 유로화에 모멘텀을 제공하여 유로화가 급등하며 달러 지수 하락. 하반기에도 백신 개발 기대 및 경제 정상화 기대하며 자본이 위험자산으로 이동하는 과정에서 달러 지수 하락하며 연말에는 90pt를 하향 돌파.

참고 문헌, 사이트

인터넷 사이트

- Breakingviews - China's economic triumphalism gets harder to take (https://www.reuters.com/article/us-china-m-a-breakingviews/breakingviews-chinas-economic-triumphalism-gets-harder-to-take-idUSKBN28W069)
- Keynes The Speculator (https://www.maynardkeynes.org/keynes-the-speculator.html)
- https://www.wbur.org/npr/131430755/a-chemist-explains-why-gold-beat-out-lithium-osmium-einsteinium
- 세계금융위기 이후 미중통화금융 패권 경쟁과 통화전쟁: 통화금융책략의 관점 (이왕휘 아주대학교, 2017년 8월, EAI 연구보고서)

도서

- 백년의 마라톤 (마이클 필스버리 저, 한정은 역, 영림카디널)
- 덩샤오핑 평전 (에즈라 보걸 저, 심규호 외 1명 공역, 민음사)
- 현명한 자산배분 투자자 (윌리엄 번스타인 저, 김성일 역, 에이지21)
- 주식하는 마음 (홍진채 저, 유영)
- 부자들의 생각법 (하노 벡 저, 배명자 역, 갤리온)
- 위대한 기업에 투자하라 (필립 피셔 저, 박정태 역, 굿모닝북스)
- 주식시장은 어떻게 반복되는가 (켄 피셔, 라라 호프만스 저, 이건 외 1명 공역, 에프엔미디어)
- 빅 머니 씽크 스몰 (조엘 틸링해스트 저, 백진호 외 2명 공역, 워터베어프레스)
- 환율의 미래 (홍춘욱 저, 에이지21)
- 우리 아이들 (로버트 D. 퍼트넘 저, 정태식 역, 페이퍼로드)
- 믿음의 탄생 (마이클 셔머 저, 김소희 역, 지식갤러리)
- 평화의 경제적 결과 (존 메이너드 케인스 저, 정명진 역, 부글북스)

환율 모르면 주식투자 절대로 하지 마라

초판 1쇄 발행　2021년 4월 10일
초판 3쇄 발행　2023년 1월 10일

지은이　｜　백석현
발행인　｜　홍경숙
발행처　｜　위너스북

경영총괄　｜　안경찬
기획편집　｜　안미성, 박혜민
마케팅　｜　박미애

출판등록　｜　2008년 5월 2일 제2008-000221호
주소　｜　서울 마포구 토정로 222, 201호(한국출판콘텐츠센터)
주문전화　｜　02-325-8901
팩스　｜　02-325-8902

표지디자인　｜　김종민
본문디자인　｜　김수미
지업사　｜　한서지업
인쇄　｜　영신문화사

ISBN　979-11-89352-38-7　(13320)